Ullrich-Jürgen Schönlein

Radtouren in Mainfranken

Bruckmann

INHALT

Durchs Land der Franken radeln

Der »Strom der Franken«, wie der Main mit leichter Übertreibung bezeichnet wird, entsteht beim oberfränkischen Kulmbach und durchzieht das gesamte fränkische Land, ehe er bei Mainz in den Rhein mündet. 524 Kilometer ist er lang und bindet über 26000 Quadratkilometer Stromgebiet an sich.

Unter der Regionsbeschreibung »Mainfranken« versteht man vor allem die Gegend zwischen Bamberg im Osten und Aschaffenburg im Westen. Auf der Strecke zwischen Mainz und Bamberg ist der Main Teil des Rhein-Main-Donau-Kanals und liefert zudem die Energie für Elektrizitätserzeugung.

Miltenberg, Hotel »Zum Riesen«

Die schönsten Landschaften umgeben den Flußlauf zwischen Würzburg und Wertheim. Hier liegen die berühmten fränkischen Weinberge an den Hängen über dem Main, und bei Wertheim mündet zudem einer der romantischsten Flußläufe Deutschlands in den Main – die Tauber.

Geschichte der Region

Das mainfränkische Gebiet war und ist zuallererst Bauernland. Die Ansiedlung von Industrie geschah im Vergleich zu anderen bayerischen Regionen hier nur schleppend. Schweinfurt gilt dabei als einzige Ausnahme. Als zu Beginn des 19. Jahrhunderts andere Regionen zunehmend industrialisiert wurden, entdeckten Dichter der deutschen Romantik, wie Mörike und Hölderlin, das stille und vom Fortschritt noch kaum berührte Gebiet.

Die Städte und Weinorte erlebten ihre Blütezeit zwischen Mittelalter und Übergang zur Neuzeit, was noch heute an den schmucken, reich verzierten Fachwerkhäusern der Kaufmannsfamilien und Bürger zu sehen ist. Vor allem der Weinhandel und die günstige Lage am Wirtschaftsweg Main verhalfen den Einwohnern von Volkach, Kitzingen, Marktbreit und anderen Orten zu Wohlstand. Der aus Landwirtschaft und Winzerei erwirtschaftete Reichtum machte die adeligen und klerikalen Herrscher zu finanzkräftigen Potentaten, die ihren Besitz gerne zur Schau stellten.

Die ungerechte Verteilung des Besitzes führte aber auch zu mehreren blutigen

Eingangstor zum Weingut Meintzinger

Revolten der Bauernschaft. Im Mainfränkischen wüteten die Kämpfe des Bauernkrieges besonders schrecklich.

Heute warten kulturelle Genüsse in Hülle und Fülle auf den Besucher: Bamberg mit seinem frühgotischen Dom und das Würzburg des Architekturgenies Balthasar Neumann, der beim Bau der Residenz in Gianbattista Tiepolo einen kongenialen Partner zur Seite hatte. Die kulturellen Sehenswürdigkeiten der Region sind vor allem dem Kunstsinn der Würzburger Fürstbischöfe zu verdanken. Sie verfügten über die notwendigen Geldmittel, die sie auch gerne für ihre ehrgeizigen Projekte zur Verfügung stellten. Dazu verpflichteten sie ausschließlich Künstler von europäischem Rang und Namen.

Kulinarisches

Wer durch Mainfranken reist, kommt am Wein und somit am berühmten Bocksbeutel nicht vorbei – auch nicht mit dem Rad. Zwar werden nur etwa 5 Prozent des deutschen Weins in Mainfranken gekeltert, doch tut dies der Qualität keinen Abbruch. Unerfahrene Weintrinker äußern des öfteren, daß der Frankenwein bitter sei. Eine Todsünde, dies zu behaupten! Der Frankenwein ist herb – wie der Menschenschlag und das Essen. In der Küche der Franken geht es deftig, soll heißen mehlig und buttrig zu, wie es sich für eine von der Landwirtschaft geprägte Region eben gehört. Ob Bratwürste mit Kraut – die Würste vom Grill mit Tannenzapfen geröstet oder als »Blaue Zipfel« in Essigsud gekocht – oder Karpfen in Mehl gewälzt und gebacken. Kräftiger Geschmack und große Portionen zählen hier, und beim Radeln verträgt man schon ein deftiges Essen.

Also, dann auf gut fränkisch: »Dud gräfdich in die Bedale drück.«

Gute Reise und guten Appetit!

St. Johannes in Kitzingen

1 ZWISCHEN HASSBERGEN UND STEIGERWALD

Das oberfränkische Bamberg breitet sich zwischen sieben Hügeln, die den Main umgeben, aus. Den geschichtlichen und architektonischen Mittelpunkt bildet der Domberg mit dem Dom St. Peter und Georg. Von hier wendet sich der Main in einer weiten Schleife nach Nordwesten, um zwischen Bamberg und Haßfurt den Naturpark Steigerwald von den Haßbergen zu trennen. Die Radeltour führt durch die fruchtbaren Felder entlang des Mainufers.

INFO ZUR TOUR

Ausgangsort, Ausgangspunkt:
Bamberg, Altes Rathaus.

Zielort: Haßfurt.

Gesamtlänge: 33 km.

Gesamtfahrzeit: 2½ Std.

Höhendifferenz: 150 m in Anstiegen.

Tourencharakter:
Leichte Tour auf Radwegen durch flache Schwemmwiesen am Mainlauf.

Bamberg: Altes Rathaus an der Regnitz, mit der Abtei St. Michael im Hintergrund

Stille Auen und ruhige Dörfer

Von der Westseite des Alten Rathauses in **Bamberg** radeln wir das kurze abfallende Stück hinunter und biegen nach ca. 30 Metern links in die Karolinenstraße ein. Wir halten auf den Parkplatz vor dem Polizeigebäude zu und lenken nach rechts in die Herrenstraße. Diese entlangfahren und sich nach links orientieren, um in die Obere Sandstraße

Bamberg: Rosengarten der Neuen Residenz

zu gelangen. Wir bleiben auf der Oberen Sandstraße und fahren weiter, der Rechtskurve folgend. So kommen wir in die Untere Sandstraße und radeln auf dieser entlang. Sie geht über in die Schweinfurter Straße und die Gaustadter Hauptstraße. Parallel zum Werkkanal gelangen wir so aus der Altstadt von Bamberg hinaus und durch den Stadtteil **Gaustadt**, wobei wir geradewegs auf der Hauptstraße weiterfahren.

Bamberg: Grüner Markt und St. Martin

Nach Gaustadt geht es ein kurzes Stück am Mainkanal entlang geradeaus bis **Bischberg**. Weiterhin auf der Hauptstraße bleiben und bis zur Kreuzung der B 26 fahren. Nachdem wir sie überquert haben, treffen wir auf der gegenüberliegenden Seite auf den Radweg, der rechts der Bundesstraße entlangläuft. Vorbei an Einkaufszentren und Industrieanlagen verlassen wir nun den Großraum Bamberg.

Vor **Viereth** passieren wir eine Schleusenanlage, und kurz nach dem Ortsschild rollen wir auf einem kombinierten Geh- und Radweg weiter. Etwa in der Ortsmitte auf die linke Straßenseite überwechseln, wo der Geh- und Radweg weiterführt.

Das Alte Rathaus in Bamberg

Dominikanerstraße, dahinter Klein Venedig

Bamberger Reiter im Dom

Eingang zur Ritterkapelle in Haßfurt

Entlang der stark befahrenen Ortsdurchfahrt sollte man unbedingt den Radweg benutzen. Hinter Viereth zieht er sich dann auf der linken Seite der B 26 hin.

Anschließend fahren wir direkt nach **Trunstadt** hinein und geradewegs hindurch in Richtung Eltmann. Nach kurzem Anstieg und einer Abfahrt gelangen wir wieder auf den ausgeschilderten Radweg. Er endet vor **Roßstadt**. Wir biegen nach links ab und kommen auf die Dorfstraße. An der folgenden Einmündung geradeaus weiter, vorbei am Landgasthof »Weißes Rössel«, und aus Roßstadt hinaus. Wenige hundert Meter hinter dem Ortsendeschild treffen wir wieder auf den Radweg, der uns nun bis **Dippach** bringt.

AUF EINEN BLICK

Anfahrt:
Autobahn A 3 (Würzburg – Nürnberg), Ausfahrt Pommersfelden, oder Autobahn A 70 (Nürnberg – Coburg), Ausfahrt Bamberg. Bamberg ist Bahnstation an der Strecke Nürnberg – Schweinfurt.

Einkehr:
Zahlreiche Einkehrmöglichkeiten entlang der Route. In Bamberg darf man das berühmte »Schlenkerla« in der Dominikanerstraße 6 nicht versäumen, um dort ein Rauchbier zu genießen.

Unterkunft:
Hotel »Walfisch«, Obere Vorstadt 8, 97437 Haßfurt, Tel. (09521) 8407 • Hotel »Die Alte Post«, Heiliggrabstraße1, 96052 Bamberg, Tel. (0951) 27848, Fax (0951) 27014 • Hotel »St. Nepomuk«, Obere Mühlbrücke 9, 96052 Bamberg, Tel. (0951) 25183, Fax (0951) 26651 • Gasthof »Goldner Stern«, Marktplatz 6, 97486 Königsberg i.Bay., Tel. (09525) 92210, Fax (09525) 922133.

Camping:
Campingplatz Insel, Bamberg-Bug, Tel. (0951) 56320 und 56372.

Sehens- und Wissenswertes:
Bamberg: Schon 902 wird ein Castrum Babenberch erwähnt. Mittelpunkt der Bischofsresidenz wurde der Dom, dessen Weihe 1012 stattfand. Um den spätromanischen *Dom St. Peter und Georg,* den Nachfolger des Urdomes, schart sich eine Gebäudegruppe, die eine eigene kleine Stadt bildet – die Domstadt. *Museen:* • *Diözesanmuseum,* Domplatz 5. • *Historisches Museum,* Domplatz 7. • *Fränkisches Brauereimuseum,* Michaelsberg 10 – in den alten Kreuzgewölben der ehemaligen Benediktiner-Braustätte. Hier begann man schon 1122 mit dem Bierbrauen. • *E.T.A.-Hoffmann-Haus,* Schillerplatz 26. Die Räumlichkeiten des Hauses sind dem Andenken des Dichters gewidmet.
Zeil: Fachwerk-Rathaus von 1700 und schön ausgestattete Stadtpfarrkirche St. Michael.
Haßfurt: 1235 erhielt die heutige Kreisstadt die Stadtrechte. Zwischen dem Würzburger und Bamberger Tor liegt die *Altstadt.* Gleich hinter dem Bamberger Tor steht das 1514 erbaute *Renaissance-Rathaus.* Die spätgotische *Pfarrkirche St. Kilian* (1390) birgt eine Holzstatue, die Johannes den Täufer darstellt (15. Jh.) und aus Riemenschneiders Werkstatt stammen soll. 248 Wappenschilder schmücken die Chorseite der spätgotischen *Ritterkapelle* (1390–1431).

Information:
Fremdenverkehrsamt, Stegauracher Straße, 96049 Bamberg, Tel. (0951) 871161. • Fremdenverkehrsverband Franken, Am Plärrer 14, 90429 Nürnberg, Tel. (0911) 264202, Fax (0911) 270547.
• Fremdenverkehrsamt, Marktplatz 1, 97437 Haßfurt, Tel. (09521) 6880.

Fahrradreparatur:
In Bamberg, Zeil und Haßfurt.

Karte:
ADFC-Radtourenkarte 1:150000 Mainfranken/Taubertal.

Varianten:
Zusammen mit den Touren 2 (bis Schweinfurt), 4 (bis Volkach), 10 und 11 ergibt sich ein Rundkurs durch das westliche Weinfranken, den Steigerwald und die Haßberge.

DER BESONDERE TIP

In der Bamberger Domstadt wirkten namhafte Baumeister wie Balthasar Neumann und Leonhard Dientzenhofer. Am Dom ist vor allem das Fürstenportal mit den zwölf Aposteln sehenswert. Im Inneren befindet sich ein von Tilman Riemenschneider 1499 begonnenes Grabdenkmal für Kaiser Heinrich II. und seine Gemahlin Kunigunde. Der fränkische Meister Veit Stoß fertigte einen der Altäre.

Den Ort durchfahren und weiter auf dem Radweg bis nach Eschenbach. Nach 2 Kilometern ist **Eltmann** erreicht, wo wir direkt hinter dem Ortsschild auf die Hauptstraße wechseln. An der Ampelkreuzung vor der Löwen-Apotheke links halten in Richtung Limbach/Sand a.M. Nicht über die Brücke nach Ebelsbach, sondern auf der Straße bis **Limbach** fahren.

Nach weiteren 4 Kilometern erreichen wir **Sand a.M.**, das seinen Namen wegen der großen Sandabbaugebiete entlang dem Mainufer zu Recht verdient. Nach Sand hineinfahren und an der Kreuzung rechts, in Richtung Zeil a.M. abbiegen. Wir verlassen den Ort wieder, radeln durch eine etwas wüste, von Baggern zerfurchte Flußlandschaft und gelangen auf die Mainbrücke, die uns hinüber nach **Zeil a.M.** bringt.

Wir überqueren die Bahnlinie, stoßen auf die Hauptstraße und durchfahren den Ortskern von Zeil a.M. Zum Marktplatz geht es leicht bergauf. Dann verlassen wir Zeil wieder und radeln bis zum Kreisverkehr. Wir orientieren uns in Richtung Haßfurt und wechseln direkt am Kreisverkehr auf den rechts der Straße verlaufenden Radweg. Auf diesem geht es durch flaches Gelände flott auf Haßfurt zu. Hohe Strommasten und Industriegebäude kündigen schon von weitem das Kreisstädtchen an. Über die folgende Kreuzung geradeaus hinüberfahren – Radlern wurde hier eine eigene Ampelschaltung gegönnt. Vorbei an Autohäusern und einem Umspannwerk erreichen wir das Ortsschild von **Haßfurt**.

Nun endet der Radweg, und auf der Hauptstraße rollen wir ca. 700 Meter bis zur Ampelkreuzung, an der wir nach links abbiegen und auf einer Brücke die Bahngeleise überqueren. Direkt auf das Bamberger Tor zuhaltend gelangen wir in die Haßfurter Altstadt.

2 DURCH UNTER-FRÄNKISCHE »DÖRFLICH«

Die Franken lieben es, Hauptwörter zu verniedlichen, indem sie ein »lich« oder »le« anhängen. Nirgendwo findet man diese Ausdrucksweise so unverfälscht wie in den unterfränkischen Dörfern um Schweinfurt. Die Stadt war wegen ihrer Industrie im Zweiten Weltkrieg ein Hauptziel der alliierten Bombenangriffe. Lediglich am Marktplatz mit dem Renaissance-Rathaus und dem Rückert-Denkmal kann man noch einen Eindruck davon gewinnen, wie sie einst ausgesehen haben mag.

INFO ZUR TOUR

Ausgangsort, Ausgangspunkt:
Haßfurt, Bamberger Tor.

Zielort: Arnstein.

Gesamtlänge: 48 km.

Gesamtfahrzeit: 3½ Std.

Höhendifferenz: 100 m in Anstiegen.

Tourencharakter:
Leichte Streckenwanderung auf Radwegen entlang dem Main.

Altarm des Mains bei Schweinfurt

Von den Mainwiesen ins Werntal

Vom Bamberger Tor in **Haßfurt** fahren wir vorbei am Renaissance-Rathaus in Richtung Würzburger Tor, durch den Torbogen und geradeaus weiter. Eine Brücke bringt uns über die Bahngleise. Nach wenigen hundert Metern folgt eine T-Kreuzung, an der wir nach rechts abbiegen und so auf die B 26 gelangen. Diese ist zwar breit ausgebaut, sollte jedoch wegen des zum Teil starken Verkehrs mit dem Rad nicht befahren werden. Wir achten deshalb auf einen Durchlaß auf der

linken Straßenseite, der uns unter dem Bahndamm hindurch auf den Maintal-Radweg bringt. An der Gabelung rechts und nun auf dem schönen flachen Teerweg flott Richtung Schweinfurt.

Vorbei an den nüchternen Straßendörfern **Ober-** und **Untertheres**, **Ottendorf** und **Gädheim** kommen wir sehr schnell nach **Schonungen**. Hinter **Gädheim** unterqueren wir den Autobahnzubringer zur

◁ **Marktstände in Schweinfurt** △

A 70 und durchfahren ausgedehnte Schwemmwiesen abseits von Bundesstraße und Bahnlinie. Kurz vor **Schwebheim** rückt der Radweg eng an die Bahnlinie. Die Bahnüberführung umfahren wir links und stoßen auf eine breite Teerstraße, auf die wir nach links einbiegen und nun vorüber an Tennis- und Sportanlagen links an Schwebheim vorbeiradeln.

Unser Weg hat den hübschen Namen »Schlachtschüsselpromenade«, was jeden Zweifel ausschließt, nicht in Franken unterwegs zu sein. Nach dem Vereinssportheim des TSV Schonungen endet die »Schlachtschüsselpromenade« und bringt uns direkt auf den schmalen Radweg, der einer ausladenden Linksschleife des Mains folgt und uns nach Schweinfurt leitet.

Rathaus in der Schweinfurter Fußgängerzone

Rückert-Denkmal am Schweinfurter Markt

Wir bleiben auf dem eng am rechten Mainufer entlangführenden Radweg und passieren **Mainberg**. Der Radweg heißt nun »Leinritt«. Wir fahren geradewegs weiter, bis wir auf den Unteren Mainkai kommen und vorbei am Zollhof auf die Maxbrücke zusteuern. Unter der Maxbrücke durch gelangen wir auf die Gutermann-Promenade. Immer geradeaus weiter, nun auf die Hahnenhügelbrücke zu und unter dieser durch. Dann ist der Ortsteil **Oberndorf** erreicht.

An der folgenden Wegeinmündung lenken wir nach links. Es geht entlang der Uferstraße bis zur Kläranlage, wo wir dem Straßenverlauf scharf nach rechts folgen, jedoch im Auslauf der Kurve links abbiegen. Nach etwa 100 Metern parallel zur

☞ AUF EINEN BLICK

Anfahrt:
Autobahn A 70 (Bamberg – Schweinfurt), Ausfahrt Haßfurt. Haßfurt ist Bahnstation auf der Strecke Bamberg – Schweinfurt.

Einkehr:
Zahlreiche Einkehrmöglichkeiten entlang dem Tourenverlauf.

Unterkunft:
In Haßfurt (s. Tour 1), Schweinfurt und Arnstein.

Jugendherberge:
Schweinfurt, Niederwerner Straße 17½.

Sehens- und Wissenswertes:
Haßfurt: Siehe Tour 1.
Schweinfurt: Die Anfänge des Orts reichen bis ins 7. Jh. zurück. Während des Mittelalters war die Stadt Zankapfel zwischen den Würzburger Fürstbischöfen und den Grafen von Henneberg. Der wirtschaftliche Aufstieg begann 1756 mit der Gründung einer Farbmühle. Das »Schweinfurter Grün« wurde bald über die Grenzen Frankens hinaus bekannt. Die Ansiedlung von Metallindustrie, vor allem Kugellagerfabriken, war auch ein Grund für die vernichtenden Bombenangriffe während des letzten Weltkriegs. Heute bestimmt der nüchterne Stil der Wiederaufbaujahre das Stadtbild.
Museen: • *Heimatgeschichtliche Abteilung im Museum im Alten Gymnasium*, Martin-Luther-Platz; Tretkurbelfahrrad, Kugelmühle, Rückert-Zimmer. • *Naturkundliches Museum*, Brückenstraße 39 (Harmoniegebäude); vor allem für Vogelkundler von Interesse.
Arnstein liegt inmitten des romantischen Werntals. Der Altstadtkern zieht sich einen Hügel empor, dessen Spitze von einer Burg bekrönt ist. Sehenswert ist die spätgotische Pfarr- und Wallfahrtskirche *Maria Sondheim*, die dem fränkischen Adelsgeschlecht von Hutten als Grablege diente.
Werneck: Das *Schloß* wurde zwischen 1733 und 1744 als fürstbischöfliche Sommerresidenz erbaut und dient heute als Bezirkskrankenhaus.

Information:
Gemeinde Arnstein, Marktstraße 37, 97450 Arnstein, Tel. (09363) 80110, Fax (09363) 80166. • Tourist-Information Haßberge, Obere Senigstraße 4, 97461 Hofheim/Ufr., Tel. (09523) 92290, Fax (09523) 267. • Schweinfurt-Information, Rathaus, 97421 Schweinfurt, Tel. (09721) 51498, Fax (09721) 51605, 97437. • Haßfurt, Tel. (09521) 6880.

Fahrradreparatur:
In Haßfurt und Schweinfurt.

Karte:
ADFC-Radtourenkarte 1:150000 Mainfranken/Taubertal.

A 70 radeln wir dann rechts unter der Autobahn hindurch. An der Kreuzung dahinter geht es geradeaus. Kurz darauf erreichen wir wieder das Mainufer, und der Weg nennt sich »Im Steinach«. Nach der Kreuzung hinter der Autobahn geradeaus weiterradeln, in die vierte Straße nach rechts einbiegen (Pfarrweg) und auf dieser bis zur Hauptstraße fahren. Unser nächstes Ziel ist **Bergrheinfeld**.

An der Hauptstraße (Würzburger Straße) links abbiegen und bis zum Ortsende von Bergrheinfeld fahren. Die Hauptstraße geht hier in die B 26 über, die nach rechts abknickt. Wir halten uns an der Weggabelung links in Richtung Garstadt. Nach wenigen hundert Metern rechts abzweigen (Hinweisschild »Radweg nach Werneck«) und auf den Radweg wechseln. Dieser verläuft parallel zur B 26 und bringt uns nach **Ettleben**. Wir biegen an der Kirche links ab und folgen dem Wegverlauf geradeaus. Nach knapp 1 Kilometer erreichen wir **Werneck**, dessen Schloßtürme schon von weitem zu sehen sind.

Strohverbrennen nach dem Dreschen

Der Weg führt direkt auf die Kirche zu, vor der wir links abbiegen und nach **Waigolshausen** fahren. An der Kreuzung noch vor der Bahnlinie nach rechts abzweigen und vorbei am Bahnhof auf freie Flur hinaus. Durch Zuckerrüben- und Getreidefelder kommen wir an die Kreuzung mit der B 19, die wir geradeaus überqueren, um dann in Richtung **Zeuzleben** weiterzuradeln. An der Kreuzung vor der Wernbrücke rechts abbiegen. Auf etwas holprigem Belag gelangen wir so nach **Mühlhausen**.

Den Ortskern lassen wir rechts liegen und folgen den Hinweisschildern in Richtung Arnstein. Am Ortsende von Mühlhausen wendet sich der Radweg nach links, und wir überqueren die Bahnlinie. Gleich dahinter müssen wir rechts abbiegen. Der Radweg bringt uns unter der A 7 hindurch. Zweimal wechselt der Weg noch über die Bahnlinie hinweg, bevor **Gänheim** erreicht ist.

Wir gelangen direkt zur Kirche, fahren an dieser vorbei und überqueren die Kreuzung geradeaus zur Hauptstraße. Links der Bahnlinie radeln wir bis zur Kreuzung mit der Landstraße, biegen auf diese nach rechts ein und fahren in die Ortsmitte von **Arnstein**.

DER BESONDERE TIP

Rund um den Schweinfurter Marktplatz ist noch zu erkennen, wie die Stadt aussah, bevor sie bei den verheerenden Bombenangriffen des Zweiten Weltkriegs in Schutt und Asche gelegt wurde. Einige alte Bürgerhäuser säumen den kopfsteingepflasterten Markt, an dessen Ostseite das Wahrzeichen der Stadt zu sehen ist: das Renaissance-Rathaus. Es ist ein Werk des Baumeisters Niklas Hoffmann und wurde zwischen 1570 und 1572 errichtet. Gleich gegenüber befindet sich das Denkmal des wohl berühmtesten Schweinfurters, des Dichters Friedrich Rückert, der 1788 hier geboren wurde.

3 TIEF IM FRANKENLAND

Die Wurzeln des Namens Gemünden sind einfach zu finden, weiß man um die zwei Flüsse, die hier in den Frankenstrom münden. Es sind die Fränkische Saale und die aus der hessischen Rhön kommende Sinn. Entlang der Fränkischen Saale und der Wern zieht sich diese Tour durch kerniges Bauernland. Hier wütete im 16. Jahrhundert der Bauernkrieg, und aus den Dörfern strömte das hungernde Volk den aufständischen Heeren zu. Viele traten dem »neuen« Glauben bei, doch Julius Echter von Mespelbrunn zwang seine Untertanen brutal zum »alten« Glauben zurück.

INFO ZUR TOUR

Ausgangsort, Ausgangspunkt:
Gemünden a.M., Altstadt, gegenüber der Markt-Apotheke.

Zielort: Arnstein.

Gesamtlänge: 33 km.

Gesamtfahrzeit: 2½ Std.

Höhendifferenz: 100 m in Anstiegen.

Tourencharakter:
Mäßig schwierige Tour auf ruhigen Landstraßen, Rad- und Wirtschaftswegen. Einige steile Anstiege.

Marktplatz von Gemünden

Alte Schlösser und gotische Kirchen

Von der Markt-Apotheke in **Gemünden a.M.** aus die Scherenbergstraße entlang Richtung Ortsende fahren. Durch flachen Wiesengrund mit Streuobstwiesen geht es auf der Landstraße dahin. Nach gut 3 Kilometern erreichen wir

Wappen am Thüngener Schloß

Schönau, fahren geradewegs auf der Hauptstraße hinein und stoßen nach wenigen hundert Metern auf die Schönauer Wallfahrtskirche, die links der Straße liegt.

Von der Kirche aus wieder zur Hauptstraße zurück, nach rechts abbiegen und ca. 200 Meter in Richtung Gemünden a.M. radeln. Dann links abzweigen und den Hinweisschildern nach Reichenbuch folgen. Zunächst geht es steil bergan. Nach knapp 2 Kilometern kommen wir aus dem Wald heraus, lenken an der Kapelle nach rechts und durchfahren den kleinen Ort **Reichenbuch** mit seinen schönen Bauernhöfen. Wir bleiben auf der Hauptstraße und verlassen zwischen zwei

Im Thüngener Schloßhof

Bauernhöfen hindurch den Ort steil bergan. Die Teerstraße endet und geht in einen Schotterweg über.

An der Wegkreuzung nach ca. 400 Metern links halten und an der nach 50 Metern folgenden Kreuzung wieder links und bergab. Drüben ist schon der Anstieg zu sehen. Bald verlassen wir den Wald und stoßen nach knapp 1 Kilometer auf einen Teerweg, biegen nach rechts ab und sehen unten **Adelsberg** liegen. Doch wir radeln nicht in den Ort, sondern biegen auf die B 27 nach links ab in Richtung Hammelburg.

Bald sehen wir ein Schild, das rechts nach Karsbach weist. Hier noch geradeaus fahren. Nach ca. 500 Metern folgt eine weitere Abzweigung, an der wir nach rechts abbiegen. **Karsbach** links liegen lassen. Nach kurzem Anstieg folgt eine Abfahrt, die uns nach **Gössenheim** bringt. Geradewegs durch den Ort hindurchfahren in Richtung Karlstadt. Auf flacher Straße durchradeln wir jetzt das Werntal und orientieren uns nach 3 Kilometern

Orgelempore der Klosterkirche in Schönau

am Hinweisschild in Richtung Schweinfurt/ Hammelburg, wo wir links abbiegen. Nach 500 Metern kommen wir nach **Aschfeld**, das wir geradeaus durchqueren.

Bald erreichen wir **Münster**. Durch den kleinen Ort hindurch und in Richtung **Bühler** weiter. Direkt auf das Gasthaus »Zum Goldenen Kreuz« zu, nicht der Vorfahrtsstraße folgen, sondern diese verlassen und geradeaus weiter, zum Ort hinaus in Richtung Heßlar.

Nach 200 Metern kündigt das Ortsendeschild unser nächstes Etappenziel Heßlar an. Ein ruhiger, schmaler Teerweg führt zunächst bergan, vorbei an Pferdekoppeln und dichten Buschreihen – ein wahres Vogelparadies. An der folgenden Weggabelung rechts und wenige Meter später wieder rechts halten, so daß wir Richtung Wald gelangen. Ein kleines Hinweisschild zeigt nach Heßlar. Auf einer Schotterpiste geht es nun durch den Wald, und der Weg steigt an. Nach dem Scheitelpunkt haben wir wieder Teer unter den Rädern, und bald ist **Heßlar** erreicht.

Chorgestühl der Klosterkirche in Schönau

AUF EINEN BLICK

Anfahrt:
Autobahn A 7 (Würzburg – Bad Brückenau), Ausfahrt Hammelburg, und weiter auf der B 27. Gemünden a.M. ist Bahnstation auf der Strecke Würzburg – Fulda.

Einkehr:
Zahlreiche Einkehrmöglichkeiten entlang dem Tourenverlauf.

Unterkunft:
In Gemünden a.M. und Arnstein.

Camping:
Camping Saaleinsel, Gemünden a.M., Tel (09351) 8654.

Sehens- und Wissenswertes:
Gemünden a.M.: Besuchenswert ist das *Unterfränkische Verkehrsmuseum* in der Frankfurter Straße mit geschichtlicher Darstellung des unterfränkischen Verkehrs auf Schiene, Straße und Wasser.
Arnstein: Der Ort wird zum ersten Mal 1225 in der Wahlkapitulation des Würzburger Bischofs Hermann von Lobdeburg erwähnt. • Die *Stadtkirche St. Nikolaus* geht auf das 14. Jh. zurück und erhielt ihr heutiges Aussehen im 18. Jh. nach Plänen einheimischer Baumeister. Den Hochaltar schmücken die Figuren des Kirchenpatrons St. Nikolaus (links) und St. Burkhard (rechts). Sie wurden 1908 von Franz Wilhelm Driesler gefertigt. (Zu Arnstein siehe auch Tour 2.)
Thüngen: Gleich zwei Schlösser erwarten uns in der kleinen Ortschaft Thüngen. Hier haben die *Herren von Thüngen* ihren Stammsitz. Ihr *Schloß* wurde um 1564 erbaut, und der mittelalterliche Wohnturm (Donjon) ist noch sehr gut erhalten. • Mitten im Dorf steht das *Burgsinner Schloß*, das wegen seines Renaissance-Staffelgiebels von 1536 besonders für Architekturinteressierte sehenswert ist.

Fahrradreparatur:
In Gemünden a.M. und Arnstein.

Karte:
ADFC-Radtourenkarte 1:150000, Mainfranken/Taubertal.

Information:
Verkehrsamt, Hofweg 9, 97737 Gemünden a.M., Tel. (09351) 3830, Fax (09351) 4854. • Stadtverwaltung, Marktstraße 37, 97450 Arnstein.

DER BESONDERE TIP

Mit dem Bau der spätgotischen Wallfahrtskirche Maria Sondheim in Arnstein wurde Mitte des 15. Jahrhunderts begonnen. Geplant als dreischiffige gotische Hallenkirche, mußte dieses Vorhaben jedoch nach kurzer Bauzeit aus Geldmangel aufgegeben werden. Sehenswert ist die Innenausstattung der Kirche. So ein gotischer Bildstock zwischen Chorraum und Turm sowie die kunstvoll gearbeiteten Seitenaltäre. Der Eindruck des Gotteshauses gewinnt durch den schlichten Sandsteinaltar. Die Herren von Hutten herrschten von 1350 bis 1489 über Arnstein und wählten die Kirche als ihre Grablege. Sehenswert sind die alten Grabtafeln, besonders die des Ludwig von Hutten.

An der folgenden Einmündung rechts abbiegen und zum Ort hinausfahren, Richtung Thüngen. An der Weggabelung links halten. Der Teerweg geht am Waldrand wieder in eine holprige Schotterpiste über. Steil geht's nun hinunter, rechts im Tal ist schon **Thüngen** zu sehen, aus dessen Häusern die zwei Schlösser hervorragen.

Nach dem Ortsschild überqueren wir die kleine Brücke und radeln die Straße aufwärts. Vorbei an der Thüngener Schloßbrauerei kommen wir an eine T-Kreuzung, lenken hier nach links und fahren in Richtung Schweinfurt. Am Sägewerk vorüber verlassen wir Thüngen wieder. Durch das Werntal rollen wir nun auf der Landstraße bis **Binsfeld**.

Mündung der Fränkischen Saale in den Main bei Gemünden

Durch den Ort hindurch und auf das Radwegschild achten, das ca. 50 Meter vor dem Ortsendeschild nach rechts weist. Hier rechts abbiegen und auf dem schmalen Teerweg weiterfahren. Dieser herrliche Radweg führt rechts der Wern entlang. An der ersten Weggabelung links halten – nicht rechts nach oben fahren.

So gelangen wir an den südlichen Ortsrand von **Halsheim** und fahren direkt auf eine kleine Scheune zu. Vor der Scheune nach rechts und gleich wieder links abbiegen – auf keinen Fall aber den Berg hochfahren.

Vorbei an Müdesheim geht es bis zur nächsten Kreuzung, dort rechts und gleich darauf wieder links. Wir passieren einen Bauernhof und radeln weiter bis **Reuchelheim**. An der folgenden Wegkreuzung geradeaus bis zur T-Kreuzung. An dieser ist rechts oben eine Brücke zu sehen. Wir biegen hier nach links ab und lassen es ins Dorf **Marbach** hinunterrollen. An der folgenden T-Kreuzung müssen wir nach rechts auf die Dorfstraße einbiegen. An der nächsten Weggabelung lenken wir nach links, überqueren die Wern und zweigen an der Hauptstraße rechts ab. Wir durchfahren nun **Heugrumbach** und folgen der Vorfahrtsstraße. Nach knapp 1 Kilometer ist dann **Arnstein** erreicht.

4 VON MAIN-NACH WEINFRANKEN

Mit dem Fahrrad geht es mitten hinein in das Herz Weinfrankens. Auf flachen Radwegen und begleitet von Reblagen folgt man den Windungen des Mains bis Kitzingen. Der Schwabe Thaddäus Troll schrieb über den Frankenwein: »Hier, an den Ufern des anmutigen und heiteren Mains, wächst ein edler, erdiger, kräftiger Wein, ein markiger Tropfen von herber Süße ...« Süß ist der Frankenwein wirklich nicht, aber niemand sollte den Fehler begehen, ihn in einem fränkischen Wirtshaus als »bitter« zu bezeichnen. »Herb« ist das treffendere Adjektiv.

INFO ZUR TOUR

Ausgangsort, Ausgangspunkt:
Schweinfurt, Roßmarkt.

Zielort: Kitzingen.

Gesamtlänge: 51 km.

Gesamtfahrzeit: 4 Std.

Höhendifferenz: 40 m.

Tourencharakter:
Einfache Tour auf ebenen Radwegen durch die Weinberge entlang dem Main.

Volkach am Main: Wallfahrtskirche Maria im Weingarten

Durch die Weinberge an der Mainschleife

Vom **Schweinfurter** Roßmarkt in die Hohebrückengasse, geradewegs über die Ampelkreuzung und vorbei am Haus der Techniker-Krankenkasse. Dem Straßenverlauf folgend in den Rüsterweg fahren und auf die Verkehrsschilder, die Gerolzhofen/Hafen ausweisen, ach-

Steinrelief Graue Marter bei Sommerach

ten. Ihnen folgend biegen wir nach rechts ab und überqueren den Main. Über die Bahngleise und rechts halten, der Vorfahrtsstraße entsprechend. An der folgenden Ampel nach links abzweigen und bis zur nächsten Kreuzung fahren, wo wir auf die B 26 stoßen. Auf dem Radweg geht es rechts der Straße weiter.

Der Radweg führt nun auf der rechten Seite eines ruhigen Mainarms entlang. Bald gelangen wir an eine Landstraße.

Kloster St. Ludwig bei Wipfeld

Rechts abbiegen und auf dem Teerweg nach **Grafenrheinfeld** fahren. Nach einigen Kilometern sind schon die charakteristischen Doppeltürme der Grafenrheinfelder Kirche zu sehen. Etwa 300 Meter hinter dem Ortsschild endet der Radweg, und nun geht es auf der Hauptstraße weiter in Richtung Dorfmitte. An der folgenden T-Kreuzung nach links in Richtung **Röthlein** abbiegen. Vorbei an der Poppenhäuser Bierstube und geradewegs zum Dorf hinaus. Auf der Landstraße bleiben. Noch vor dem Ort Röthlein nach rechts abzweigen, den Schildern in Richtung Volkach folgend. Nach ca. 500 Metern kommen wir an eine Kreuzung. Rechts halten und Richtung Volkach fahren.

Bald ist **Heidenfeld** erreicht, und der Radweg stößt auf die Hauptstraße, deren Verlauf wir weiterhin folgen. In der Ortsmitte steht die Wallfahrtskirche von Heidenfeld. Am Ortsende beginnt wieder der Radweg am linken Straßenrand. **Hirschfeld** durchfahren und hinter den letzten Häusern des Dorfes wieder auf

Tympanon an St. Johannes in Kitzingen

Kloster Münsterschwarzach

den Radweg wechseln. Nach wenigen Kilometern ist das Kloster **St. Ludwig** erreicht, wo ein kurzer Halt zu empfehlen ist. Rechts am Hügel schiebt sich der markante Kirchturm von Wipfeld in den Himmel. Weiter geht es auf dem Radweg in Richtung Volkach.

Nach einiger Zeit sehen wir **Stammheim**. Das Örtchen linker Hand liegen lassen und auf dem Radweg weiterfahren. Der Weg führt uns entlang der Reben. Nach 2 Kilometern endet der Radweg und bringt uns auf das wenig befahrene Landsträßchen. Im Ort **Fahr** bleiben wir auf der Hauptstraße und radeln Richtung Ortsmitte. An der ersten Kreuzung, am Weingut Heinz Braun, orientieren wir uns an den Schildern in Richtung Volkach. 50 Meter später der Vorfahrtsstraße folgen und auf den Radweg wechseln. Nach ca. 2 Kilometern geht es wieder auf die Landstraße, und kurz danach ist das Ortsschild von **Volkach** erreicht. Vorbei am Sportplatz fahren wir geradewegs bis zur ersten Kreuzung. Diese überqueren und

☞ AUF EINEN BLICK

Anfahrt:
Autobahn A 7 (Kassel – Würzburg), Ausfahrt Schweinfurt-Werneck oder Schweinfurt-Niederwern. Schweinfurt ist per Bahn am besten über Würzburg zu erreichen.

Einkehr:
Zahlreiche Einkehrmöglichkeiten entlang dem Tourenverlauf.

Unterkunft:
In Schweinfurt, Volkach und Kitzingen. • Volkach: »Hotel am Torturm«, Hauptstraße 41, Tel. (09381) 80670, 806744.

Camping:
Kitzingen, Schiefer Turm, Tel. (09321) 33125. • Im Volkacher Ortsteil Escherndorf die Anlage Main, Tel. (09381) 9215.

Jugendherbergen:
Kitzingen, Talstraße, Tel. (09321) 4251. • Schweinfurt, Niederwerner Straße 17½, Tel. (09721) 21404.

Sehens- und Wissenswertes:
Kitzingen: Das Wahrzeichen von Kitzingen ist der 52 m hohe *Falserturm* (1489–1496), in dem das *Fasnachtsmuseum* untergebracht ist.• Balthasar Neumann wirkte am Entstehen der katholischen *Pfarrkirche St. Johannes* (1737) mit. • Das *Städtische Museum* zeigt alles über den Weinbau. • Der *Alte Klosterkeller* ist Deutschlands ältester Weinkeller.
Sommerach: Hier gedeihen die Spitzenlagen »Katzenkopf« und »Rosenberg«. • Zahlreiche Bildstöcke schmücken die Gegend um Sommerach. Zu den schönsten zählen die *Viersäulenmarter* (1700) und die *Graue Marter* (1511).
Dettelbach: Die Stadtbefestigung aus dem 15. Jh. mit 36 Türmen und zwei Ausfalltoren ist fast vollständig erhalten geblieben. • *Handwerkermuseum* in der Hutergasse 28; Führungen nach Vereinbarung.
Volkach: Siehe Tour 10.

Information:
Congress- und Tourismuszentrale, Congress-Centrum, 97070 Würzburg, Tel. (0931) 373335, Fax (0931) 373652. • Verkehrsamt, 97318 Kitzingen, Tel. (09321) 20205.

Fahrradreparatur:
In Schweinfurt, Volkach und Kitzingen.

Karte:
ADFC-Radtourenkarte 1:150000 Mainfranken/ Taubertal.

Varianten:
Die Tour 4 ergibt mit den Touren 5, 6 und 7 eine Reise durch die Hochburgen des fränkischen Weinbaus.

geradeaus durch das Gaibacher Tor bis zur Ortsmitte. Am Renaissance-Rathaus geht es weiter Richtung Kitzingen. Rechts am Rathaus vorbei führt eine Gasse nach unten bis zur Kreuzung. Diese überqueren und noch vor der Mainbrücke nach links abbiegen, den Radwegschildern folgen und auf dem Radweg bis nach **Gerlachshausen** fahren.

Auf der Hauptstraße bleiben, an der Kirche vorbei, und nach ein paar hundert Metern ist die Benediktinerabtei von **Münsterschwarzach** erreicht. Auf der Hauptstraße geht es weiter bis **Stadtschwarzach**. In der Ortsmitte der Vorfahrtsstraße folgen. Die nächste Kreuzung geradewegs überqueren und auf den Radweg wechseln. Auf diesem in Richtung **Mainsondheim** fahren. Geradewegs nach Mainsondheim hinein. An der T-Kreuzung nach links abbiegen und Richtung Ortsende radeln. Vor dem Anstieg nach rechts abbiegen (Hinweisschild ist schlecht zu sehen). Die Dorfstraße bringt uns zum Ort hinaus, vorbei am Golfplatz und unter der Autobahn A 3 hindurch, nach **Albertshofen**. Vorbei an der Kirche den Ort verlassen und auf dem Radweg bis **Kitzingen**.

Alternativroute: An der Kreuzung in Volkach nicht auf den Radweg fahren, sondern nach links in Richtung Kitzingen abzweigen und auf der Landstraße bleiben. Nach etwa 2 Kilometern nach rechts abbiegen, der kleinen Mainschleife folgen und nach **Nordheim a.M** radeln. In Nordheim auf der Hauptstraße bleiben, die Dorfkirche links liegen lassen und zum Ortsende fahren. Weiter dem Verlauf der Landstraße folgen, die uns nach Sommerach bringt. In **Sommerach** an der Weggabelung vor der Kirche rechts halten und auf der Landstraße weiter Richtung Gerlachshausen. Dort ist wieder der Radweg erreicht, der uns bis **Gerlachshausen** bringt. Von dort geht es weiter nach Münsterschwarzach wie zuvor beschrieben.

Der besondere Tip

Die Wallfahrtskirche Maria im Weingarten gilt als das Wahrzeichen der Volkacher Mainschleife. Inmitten der Weinberge steht die kleine Kapelle, in der Tilman Riemenschneiders berühmte »Maria im Rosenkranz« zu bewundern ist (Montag bis Samstag 9.30–12 Uhr und 13–18 Uhr; Sonn- und Feiertag 11–12 Uhr und 13–17 Uhr).

Abstecher nach Dettelbach: Auf der Ortsdurchfahrt von **Stadtschwarzach** Richtung Hörblach fahren. Kurz hinter dem Ortsschild den Hinweisschildern nach Dettelbach folgend nach rechts abbiegen. Vorbei an Schwarzenau geht es geradewegs in Richtung **Dettelbach**. An der Kreuzung vor den Stadtmauern nach rechts abbiegen und sich an den Hinweisschildern in Richtung Zentrum orientieren. Für den Weiterweg wieder zurück nach Stadtschwarzach radeln, um auf die linke Mainseite zu gelangen.

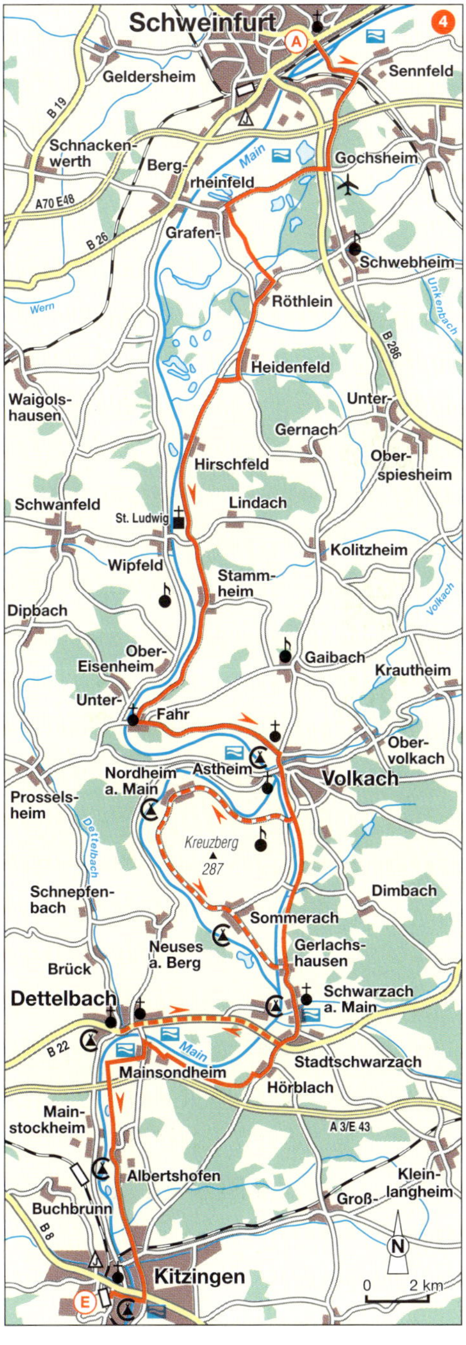

5 ENTLANG DEM MAINDREIECK

Bis in die Stadt Würzburg hinein beherrschen die Weinberge die Hügel am Main. Durch romantische Weinorte führen Radwege und ruhige Landstraßen dem Lauf des Mains folgend bis zur Frankenmetropole. Dieser Stadt haben vor allem die Fürstbischöfe einen bleibenden Stempel aufgedrückt, indem sie so herausragende Künstler und Architekten wie Gianbattista Tiepolo und Balthasar Neumann beauftragten. Die Würzburger Residenz ist eines der Zeugnisse ihres barocken Kunstschaffens.

INFO ZUR TOUR

Ausgangsort, Ausgangspunkt:
Kitzingen, Mainbrücke zur Altstadt.

Zielort: Würzburg.

Gesamtlänge: 40 km.

Gesamtfahrzeit: 2½ Std.

Höhendifferenz: 40 m.

Tourencharakter:
Einfache Radtour durch flaches Gelände entlang dem Main.

Blick über die Altstadt von Ochsenfurt, dessen Wehrmauern und Wachtürme zum Teil noch erhalten sind

Herbe Weine und liebliche Landschaft

Wir starten in **Kitzingen**, überqueren die Mainbrücke zum Ostufer, fahren bis zur Ampelkreuzung und biegen dort nach rechts in Richtung Marktbreit ab. Auf diesem Straßenstück herrscht etwas mehr Verkehr. Die Ausfallstraße entlang, bis die nächste Kreuzung erreicht ist, und dort halb links in Richtung Ochsenfurt. Jenseits der Kreuzung ist schon ein Hinweisschild auf den Maintal-Radweg zu sehen. Nach der Kreuzung wechseln wir auf den Radweg und folgen ihm an der nächsten Kreuzung nach rechts. Kurz nach dem E-Markt führt ein Radweg am linken Mainufer weiter.

Wir passieren das Straßendorf **Hohenfeld** und gelangen an eine Radwegkreuzung. Rechts ist eine kleine Brücke, wir fahren jedoch geradeaus weiter und bleiben somit am Mainufer. Durch den Maingrund geht es bis **Marktsteft**. Am Ortsanfang endet der Radweg, und wir rollen auf der Hauptstraße geradewegs nach Marktsteft hinein. An der ersten Kreuzung links halten, die kopfsteingepflasterte Straße hinauffahren und bis in die Ortsmitte radeln. Dann geradeaus weiter und Marktsteft wieder verlassen.

Etwa 200 Meter hinter dem Ortsendeschild weist ein gelbes Verkehrsschild nach links in Richtung Marktbreit. Die stark befahrenen Straßen werden unterquert vom Radweg, der nun das Mainufer verläßt und an den Weinbergen entlangleitet.

Bald ist **Marktbreit** erreicht. Die vielbefahrene Straße bleibt uns auch am Ortsbeginn erspart. Der Radweg verläuft links der Straße bis vor das Stadttor von Marktbreit.

In der Altstadt von Marktbreit

Sommerhausen am Main

An der Einmündung biegen wir nach links ab, fahren durch das Stadttor und gelangen in den romantischen Weinort.

Wir verlassen die Altstadt von Marktbreit wieder Richtung Stadttor und radeln hinunter zur Hauptstraße. Dort nach rechts abbiegen und ca. 300 Meter auf dieser Straße in Richtung Kitzingen fahren. Es folgt ein Hinweisschild, das links in Richtung Sulzfeld/Segnitz weist. Wir biegen hier nach links ab und überqueren den Main auf einer Stahlbrücke.

Teilstück des Radweges bei Waldbrunn

Kurz hinter der Brücke ist **Segnitz** erreicht. Am Ortsbeginn ist eine scharfe Rechtskurve, in der wir nach links abbiegen. Der Radweg folgt nun ein kurzes Stück dem Main, wendet sich dann nach rechts und stößt auf die Ortsverbindungsstraße Segnitz – Frickenhausen. Das gemütliche Landsträßchen bringt uns durch

◁ **Fachwerkhäuser in Ochsenfurt**

☞ AUF EINEN BLICK

Anfahrt:
Autobahn A 7 (Kassel – Würzburg), Ausfahrt Kitzingen. Kitzingen ist Bahnstation auf der Strecke Würzburg – Nürnberg.

Einkehr:
Zahlreiche Einkehrmöglichkeiten entlang dem Tourenverlauf.

Unterkunft:
»Polisina«, Marktbreiter Straße 265, 97252 Frickenhausen, Tel. (09331) 3081. • Weingut »Meintzinger«, Babenbergplatz, 97252 Frickenhausen, Tel. (09331) 87210, Fax (09331) 7578. • Gasthof »Anker«, Maingasse 2, 97286 Sommerhausen, Tel. (09333) 232, Fax (09333) 271. • Hotel »Würzburger Hof«, Am Schiefen Turm, 97318 Kitzingen, Tel. (09321) 4855, Fax (09321) 24486.

Camping:
Würzburg-Heidingsfeld, Camping Kalte Quelle, Tel. (0931) 65598. • Kitzingen s. Tour 4.

Jugendherbergen:
Würzburg, Burkarderstraße 44, Tel. (0931) 42590. • Ochsenfurt, Hauptstraße 1, (09331) 4949.

Sehens- und Wissenswertes:
Kitzingen: Siehe Tour 4.
Marktbreit ist eines der schönsten Weinstädtchen am Main. • In der *Nikolauskirche* (1600) sind vor allem die naiven Malereien (*Biblia pauperorum*) an der Emporenbrüstung sehenswert.
Ochsenfurt: Die *Altstadt* ist erhalten geblieben und zum Teil von alten *Wehrmauern* und *Türmen* umgeben. • Auf dem Marktplatz steht das spätgotische *Rathaus* aus dem 15. Jh. mit *Spielwerk* (1560). • In der *katholischen Pfarrkirche* (14.–15. Jh.) befindet sich die Figur des *heiligen Nikolaus* von *Tilman Riemenschneider*. • Im einstigen *Schloß* des Würzburger Domkapitels ist heute das *Rathaus* untergebracht *(Rittersaal)*. • Sehenswertes Barockhaus in der Spitalgasse 12 *(Trachtenmuseum)*.
Würzburg: Die Fürstbischöfe von Schönborn begannen Anfang des 18. Jh. mit dem Bau der *Würzburger Residenz*. Die von Balthasar Neumann entworfene und gebaute Residenz wurde von Gianbattista Tiepolo mit Fresken ausgestattet (Deckenfresko im Treppenaufgang). • Vor der Residenz steht der *Frankonia-Brunnen* (1894). • Ein schöner Kreuzweg führt zur *Wallfahrtskirche Käppele* (1640) auf dem Nikolausberg. • Die *Marienkapelle* (1349) beherrscht den Würzburger Marktplatz. • Der *St.-Kilians-Dom* geht auf das 8. Jh. zurück und bildet den Mittelpunkt der Altstadt.
Museen: Fürstenbau-Museum, Festung Marienberg: Wohnwelt der Fürstbischöfe, Goldschmiedearbeiten, liturgische Gewänder und Stadtgeschichte. • *Mainfränkisches Museum:* Riemenschneider-Sammlung und Werke anderer bedeutender Künstler; Ausstellungen zu fränkischer Weinkultur und fränkischen Trachten. • *Physikalisches Institut*, Am Hubland 8: Erinnerungsstücke aus dem Nachlaß von W.C. Röntgen. • *Städtische Galerie*, Hofstraße 3: Deutsche Malerei, Plastik und Graphik des 19. und 20. Jh. • *Museum Fossil*, Würzburger Straße 88: Geologie von Unterfranken.

Wein:
Zwischen Ochsenfurt und Randersacker liegt kurz hinter der Autobahnbrücke auf der linken Mainseite das außergewöhnliche Weingut »Schmitt's Kinder«, Tel. (0931) 705 91 97; Fax: (0931) 705 91 98: In Randersacker über den Main wechseln und auf der Landstraße die 2 km zurückradeln.

Fahrradreparatur:
In Kitzingen, Ochsenfurt, Marktbreit und Würzburg.

Karte:
ADFC-Radtourenkarte 1:150000, Mainfranken/ Taubertal.

Information:
Fremdenverkehrsbüro, Hauptstraße 39, 97199 Ochsenfurt, Tel. (09331) 5855, Fax (09331) 7493. • Congress- und Tourismuszentrale, Congress-Centrum, 97070 Würzburg, Tel. (0931) 373335, Fax (0931) 373652. • Verkehrsamt, Schrannenstraße 1, 97318 Kitzingen, Tel. (09321) 20205, Fax (09321) 21146.

✎ DER BESONDERE TIP

Das Mainfränkische Museum im Westtrakt der Würzburger Festung Marienberg, einst das Zeughaus (1702–1712), bewahrt eine kostbare Sammlung klassischer und volkstümlicher Kunst und Kultur. Bedeutendster Teil des Museums sind neben gotischen Skulpturen aus verschiedenen Regionen Frankens die Werke Tilman Riemenschneiders. Nicht zu vergessen die große Kelterhalle mit alten Zunftfahnen, Trinkgefäßen und Weinpressen. Die Exponate stammen aus den vergangenen sieben Jahrhunderten und dokumentieren die Geschichte der Weinherstellung. Jedes Jahr findet in den Räumen des Museums die Prämierung der fränkischen Weine statt. Öffnungszeiten Museum: April bis Oktober täglich 10–17 Uhr, November bis März 10–16 Uhr.

ein Tor direkt ins wunderschöne Frickenhausen hinein, dessen Straßen mit rauhem Kopfsteinpflaster belegt sind. Geradewegs durch **Frickenhausen** hindurch und auf der Landstraße in Richtung Ochsenfurt. An der folgenden Kreuzung lenken wir nach links und gelangen über die Brücke hinweg nach **Ochsenfurt** hinein.

Für den Weiterweg müssen wir wieder auf der Brücke zum anderen Mainufer hinüberwechseln. Gleich nach der Brücke zweigt der Radweg ab, auf den wir einbiegen. Am Main entlang bringt er uns bis nach Würzburg. Dabei passieren wir den schönen Weinort **Sommerhausen**, zu dem sich ein Abstecher allemal lohnt. Der Radweg stößt bei **Winterhausen** auf die Ortsverbindungsstraße nach Sommerhausen. Wir verlassen den Radweg und fahren auf der kleinen Landstraße nach Sommerhausen hinein. Durch das Tor, in dem sich Veit Relins kleines Torturmtheater befindet, gelangt man auf die Hauptstraße.

Es geht geradewegs durch Sommerhausen hindurch und an der Kreuzung gleich nach dem Ortsende links, um wieder auf den Radweg nach Würzburg zu gelangen. Dieser passiert **Eibelstadt**, und kurz dahinter unterqueren wir die Autobahn A 3 (Würzburg – Nürnberg). Bald ist **Randersacker** erreicht. Der Radweg führt zwischen dem Ort und dem Main entlang.

Hinter Randersacker rückt der Radweg nahe an die Randersackerer Straße heran und leitet uns dann wieder in ruhigere Gefilde. Ohne große Berührungen mit dem Stadtverkehr rollen wir auf dem herrlichen Maintal-Radweg nach **Würzburg** hinein. Wir durchfahren den Stadtteil Heidingsfeld, unterqueren die Konrad-Adenauer-Brücke und radeln schließlich durch den Stadtteil Sanderau. Die nächste Brücke, die wir unterqueren, ist die Ludwigsbrücke. Links oben thront die Feste Marienberg, und vor uns ist die Alte Mainbrücke mit ihren Heiligenskulpturen zu sehen. Wir unterqueren die Brücke und langen am Mainkai an. Hier wechseln wir vom Radweg auf die Straße und fahren die paar hundert Meter zurück in Richtung Alte Mainbrücke. Hier nach links abbiegen und auf der Domstraße in die Altstadt von **Würzburg**.

6 IN DEN BAYERISCHEN SPESSART

Entlang dem westlichen Arm des Maindreiecks führt der Maintal-Radweg nach Norden, vorbei an Veitshöchheim, wo sich die Würzburger Fürstbischöfe eine Sommerresidenz errichteten. Durch Weinorte wie Thüngersheim, Zellingen und Retzbach nähert man sich der westlichen Grenze Weinfrankens. Und nach Karlstadt sind bald die grünen Wälder des Spessarts erreicht, dessen östliches Ende die Stadt Gemünden am Main markiert.

INFO ZUR TOUR

Ausgangsort, Ausgangspunkt:
Würzburg, Dom.

Zielort: Gemünden a.M.

Gesamtlänge: 35 km.

Gesamtfahrzeit: 2½ Std.

Höhendifferenz: 20 m.

Tourencharakter:
Einfache Radtour durch flaches Gelände entlang dem Main.

Sonnenuntergang am Main bei Karlstadt

Barocke Pracht und mittelalterliche Burgen

Die Tour startet am **Würzburger** Dom. Von hier fahren wir entlang der Domstraße zur Alten Mainbrücke und überqueren diese. Am anderen Ufer angelangt, biegen wir gleich nach rechts ab und folgen dem Radweg, der rechts der Dreikronenstraße verläuft. Rechts vorne ist die Friedensbrücke zu sehen, die wir rechts liegen lassen. Wir bleiben auf der Dreikronenstraße und radeln über die große Ampelkreuzung (Luitpoldstraße).

Würzburg, Frankonia-Brunnen

Blick von der Festung Marienberg auf Würzburg

Einige hundert Meter rollen wir am Kiliani-Festplatz entlang und erreichen nach etwa 500 Metern die Brücke der Deutschen Einheit. Vor dieser nach rechts und auf den Maintal-Radweg, der uns entlang dem Main durch den Stadtteil **Zellerau** leitet.

Vorbei an Schrebergärten, Sportanlagen und Campingplätzen geht es stadtauswärts. Nach einigen Kilometern unterqueren wir die Zeller Brücke. Rechts des Mains stehen riesige Lagerhäuser am Ufer. Kurz vor Margetshöchheim unterfahren wir die ICE-Trasse Würzburg – Hannover und lassen dann **Margetshöchheim** links liegen.

Mainbrücke mit Festung Marienberg

Brunnen im Garten von Schloß Veitshöchheim

Nur 3 Kilometer weiter ist **Erlabrunn** erreicht. Herrlich flach geht es am Main entlang, vorbei an Erlabrunn und Thüngersheim, das am rechten Flußufer liegt. Nach einigen Kilometern folgt Zellingen. Der Radweg bringt uns zur Mainbrücke, die zum kleinen Ort Retzbach hinüberführt. Wir lassen die Brücke rechts liegen und folgen den Schildern, die den Maintal-Fahrradweg ausweisen. Sie sind mit »MTF« gekennzeichnet und geben das nächste größere Etappenziel an. In unserem Fall ist es Karlstadt.

Entlang der Badstraße passieren wir den Sportplatz und das Schwimmbad von **Zellingen**. Durch eine schöne schatten-

Barocke Parkanlage der Würzburger Residenz

☞ AUF EINEN BLICK

Anfahrt:
Autobahn A 7, Ausfahrt Estenfeld. Autobahn A 3, Ausfahrten Würzburg-West, -Kist, -Heidingsfeld und -Randersacker. Würzburg ist Bahnknotenpunkt der Strecken München – Hamburg und Stuttgart – Berlin.

Einkehr:
Neben zahlreichen Einkehrmöglichkeiten entlang dem Weg: »Altes Forsthaus Schönau« in Gemünden a.M.

Unterkunft:
In Würzburg, Karlstadt und Gemünden a.M.
• »Tenne«, Würzburger Straße 4, 97250 Erlabrunn, Tel. (0 93 64) 93 84.

Camping:
Camping Saaleinsel, Gemünden a.M., Tel. (0 93 51) 86 54. • Camping Schönrain, Gemünden-Hofstetten, Tel. (0 93 51) 86 45. • Am Schwimmbad, Karlstadt, Tel. (0 93 53) 41 10.

Jugendherberge:
Veitshöchheim, Naturfreundehaus, Sendelbachweg, Tel. (09 31) 9 28 66.

Sehens- und Wissenswertes:
Würzburg: Siehe Tour 5.
Veitshöchheim: Die Würzburger Fürstbischöfe errichteten sich hier ein Lustschloß mit herrlicher Gartenanlage. • Das Schloß-Museum im Hofgarten zeigt Stilräume aus dem Rokoko und Empire.
Karlstadt: Zu Beginn des 13. Jh. legten die Würzburger Fürstbischöfe die Stadt an. Sie war »Grenzstadt« zu den Fürstbistümern Fulda und Mainz. • Hoch über dem Main thronte die *Karlsburg*, die 1525 niedergebrannt wurde. • Den mittelalterlichen Wohlstand dokumentieren noch heute die prachtvollen *Bürgerhäuser* und die reich ausgestattete *katholische Kirche St. Andreas* (1350–1583). Tilman Riemenschneider fertigte die Holzfigur des heiligen Nikolaus. • In der *Spitalkirche* findet sich eine Holzfigur des heiligen Jakobus, die ebenfalls dem fränkischen Meister zugeordnet wird. • Sehenswert sind auch das gotische *Rathaus* von 1422 und die zahlreichen *Fachwerkhäuser in der Altstadt.* • *Museen: Museum Karlstadt und Stadtgeschichtliches Museum;* Weinbau, Fachwerk, Bildstöcke, stadtgeschichtliche Entwicklung von 1200 bis 1900.
Gemünden a.M.: Siehe Tour 3.

Fahrradreparatur:
In Würzburg, Karlstadt und Gemünden a.M.

Karte:
ADFC-Radtourenkarte 1:150 000, Mainfranken/Taubertal.

Information:
Congress- und Tourismuszentrale, Congress-Centrum, 97070 Würzburg, Tel. (09 31) 37 33 35, Fax (09 31) 37 36 52. • Verkehrsbüro, Hauptstraße 24, 97753 Karlstadt, Tel. (0 93 53) 79 02 88, Fax (0 93 53) 25 76. • Verkehrsamt, Hofweg 9, 97737 Gemünden a.M., Tel. (0 93 51) 38 30, Fax (0 93 51) 48 54.

spendende Kastanienallee setzen wir den Weg fort. In **Himmelstadt** fahren wir an einer riesigen Schleusenanlage vorüber und bleiben überwiegend unter alten, hohen Bäumen. Vorbei an Gärten und einer Streuobstwiese führt der Weg weiter Richtung Karlstadt.

Rechts des Mains erstrecken sich die Weinlagen unter einem charakteristischen Kalkfelsenabbruch. Der Radweg folgt allen Windungen des Mains, keine Steigung bremst den flotten Lauf, und bald ist **Laudenbach** erreicht.

Rechts des Mains zeigen sich die wenig romantischen Industrieanlagen, die Karlstadt vorgelagert sind. Am Ortsende von Laudenbach rückt der Radweg nahe an die Landstraße heran. Auf der linken Mainseite liegt **Mühlbach**.

Hier kommen wir auf die Landstraße, durchfahren den kleinen Ort, biegen an der nächsten Weggabelung rechts ab und folgen den Hinweisschildern in Richtung Karlstadt. Wir gelangen auf die Mainbrücke, die uns ans rechte Ufer bringt, an dem sich **Karlstadt** ausbreitet. Mitten auf der Brücke begrüßt uns das Ortsschild, und gleich unterhalb der Brücke liegt ein schöner Campingplatz.

DER BESONDERE TIP

Nur wenige Kilometer nordwestlich von Würzburg liegt die Gemeinde Veitshöchheim. Eigentlich eine ganz gewöhnliche fränkische Landgemeinde, in der vor allem die Winzerei die Einkommen sichert, hätten nicht die Fürstbischöfe von Würzburg auf der Suche nach einem geeigneten Platz für ein Feriendomizil das Dorf für sich entdeckt. Sie errichteten hier ein Lustschloß, das sich sehen lassen kann. Vor allem der herrliche Rokokogarten, dessen Gestaltung Fürstbischof Adam F. von Seinsheim beeinflußte, zieht heute die Besucher an. Seine Vorstellungen aus der antiken Philosophie und Kunst ließ er in die Gartenanlage einfließen. Die künstlerische Umsetzung seiner Ideen vollzogen Johann Wolfgang van der Auvera, Ferdinand Tietz und Peter Wagner. Der Besucher wandert durch einen Park mit einer Fülle römischer Götter, Musen und Allegorien der Jahres- und Tageszeiten. Im Park stehen Kopien, die Originale befinden sich im Mainfränkischen Museum in Würzburg.

Wir passieren das Obere Tor. Hier weist ein Schild auf den Radweg in Richtung Gemünden a.M. hin, der nun auf der rechten Mainseite verläuft. Zunächst ist der Belag etwas holprig, wird aber bald wieder zur gewohnten glatten Teerdecke.

Der Radweg folgt nun dem Verlauf von Main, Bahnlinie und B 26. Hinter **Gambach** passieren wir eine Schleuse. In einer weiten Rechtsschleife lassen wir Harrbach auf der linken Mainseite liegen und sehen bald die ersten Häuser von **Wernfeld** vor uns auftauchen. Hier mündet die von Nordosten kommende Wern in den Main.

Jetzt sind es nur noch 4 Kilometer bis nach Gemünden a.M. Die Stadt kündigt sich zunächst mit einem Masten- und Drähtegewirr an, das zum Bahnhof gehört. Kurz vor Gemünden wendet sich der Radweg nach rechts und unterquert vor der Altstadt Bahnlinie und B 26. Entlang der Altstadthäuser geht es etwa 200 Meter an den der Fränkischen Saale zugewandten Ufermauern der Wohnhäuser entlang. Dann teilt sich der Weg. Wir halten uns links, queren die Fränkische Saale und fahren vorbei am Gemündener Schwimmbad auf die Straßenbrücke, die uns nun wiederum über die Saale hinweg in die Altstadt von **Gemünden a.M.** bringt.

7 VOM SPESSART NACH SÜDEN

Bei Gemünden wendet sich der Main nach Süden. Der Fluß bildet die Grenze zwischen dem Spessart und dem östlichen Weinfranken. Lohr ist seit alters her als »Spessarttor« bekannt und gilt zudem als Geburtsstadt Schneewittchens. Diese Märchenfigur soll 1729 in Lohr als Maria Sophia Margaretha Christina von Erthal geboren worden sein. Zu Schneewittchen paßt auch der Spiegel im Lohrer Schloß mit der Inschrift: »Elle brille à la lumière« (Sie glänzt im Licht).

INFO ZUR TOUR

Ausgangsort, Ausgangspunkt:
Gemünden a.M., Markt-Apotheke in der Altstadt.

Zielort: Marktheidenfeld.

Gesamtlänge: 35 km.

Gesamtfahrzeit: 2½ Std.

Höhendifferenz: 50 m in Anstiegen.

Tourencharakter:
Einfache Radtour durch flaches Gelände entlang dem Main.

Rothenfels am Main: Gut erhaltene Burganlage aus dem 12. und frühen 16. Jahrhundert mit romanischem Bergfried und gotischem Palas

Bei Marktheidenfeld

Das Mainufer von Marktheidenfeld

Sanfte Schwemmwiesen im Schatten herber Spessartwälder

Wir beginnen die Tour in der Altstadt von **Gemünden a.M.** vor der Markt-Apotheke. Die Saalebrücke zum Schwimmbad hin überqueren und am Gasthof »Linde« der Linkskurve der Straße folgen. Danach rollen wir über die Brücke, die Bahnlinie und Main überspannt. Nach dem Ortsschild sehen wir schon rechts unter uns den Radweg am Main entlang. An der folgenden Kreuzung links und 50 Meter danach wieder links abbiegen. Ein schmaler Teerweg bringt uns dann die ca. 200 Meter bis zum Radweg. Hier wenden wir uns nach links und fahren unter der Brücke durch. Wir unterqueren die riesige Eisenbahnbrücke und radeln durch den romantischen Wiesengrund bis nach **Hofstetten**.

Die schmale Landstraße folgt ebenso dem gewundenen Lauf des Mains wie unser Radweg. Wir rollen durch die flache Auenlandschaft – eine der schönsten und romantischsten Streckenabschnitte des Maintals. Nach wenigen Kilometern unterfahren wir abermals eine Eisenbahnbrücke und stoßen auf ein Halteschild. Hier endet der Radweg – allerdings nur für einige Meter, da ein kleiner Bach zu überwinden ist. Deshalb kurz auf die Landstraße wechseln, dann geht's wieder auf dem Radweg dahin. Bald öffnet sich das enge Flußtal, und Getreidefelder breiten sich rechts des Wegs aus. Vorbei an einer Pferdekoppel radeln wir leicht bergan und dann in einer sanften Rechtskurve

Fachwerkhäuser in Lohr am Main

Hafenlohr: Ansicht vom Main aus

in Richtung Mainufer. Entlang einer hohen Busch- und Baumreihe fahren wir auf **Steinbach** zu. Wir passieren den Ort am Ufer und kommen an der alten Schleusenanlage des Dorfs vorbei. 3 Kilometer sind es noch bis Lohr am Main.

Zunächst erreichen wir den Ort **Sendelbach**, der auf der linken Mainseite liegt. Wir unterfahren eine Brücke und sehen wenige Meter weiter eine zweite Brücke vor uns liegen. Auch hier rollen wir darunter durch, biegen aber anschließend gleich links ab, um nach oben auf die Landstraße zu gelangen. Nun nach links lenken und über die mächtige Mainbrücke nach **Lohr a.M.** hineinfahren.

Zur Fortsetzung der Tour verlassen wir Lohr und wechseln auf der Brücke wieder nach **Sendelbach** hinüber. Nach der Brücke rechts und den Teerweg hinunter zum Maintal-Radweg, der uns bis nach

☞ AUF EINEN BLICK

Anfahrt:
Autobahn A 7 (Würzburg – Bad Brückenau), Ausfahrt Hammelburg und weiter auf der B 27. Gemünden a.M. ist Bahnstation auf der Strecke Würzburg – Fulda.

Einkehr:
Zahlreiche Einkehrmöglichkeiten entlang dem Tourenverlauf.

Unterkunft:
In Gemünden a.M. und Lohr a.M. • Hotel »Anker«, Obertorstraße 6–8, 97828 Marktheidenfeld, Tel. (09391) 60040, Fax (09391) 600477. • »Baumhof-Tenne«, Baumhofstraße 147, 97828 Marktheidenfeld, Tel. (09391) 3549, Fax (09391) 3627.

Camping:
Camping Saaleinsel, Gemünden a.M., Tel (09351) 8654. • Camping Forellenhof, Lohr am Main, Tel. (09352) 2865. • Camping Mainland, Zimmern, Tel. (09391) 2558.

Baden:
Erlebnisbad »Maradis« in Marktheidenfeld.

Sehens- und Wissenswertes:
Gemünden a.M.: Siehe Tour 3.
Lohr a.M.: Hier ist das fränkische Zentrum der Glasherstellung. 1698 wurde die kurfürstliche *Glasmanufaktur* gegründet. Für die Glasherstellung benötigt man unter anderem Pottasche, deren Grundstoff Holz im Spessart reichlich vorhanden ist. • Im ehemaligen kurmainzischen *Schloß* (15.–17. Jh.) befindet sich das Spessart-Museum.
Sendelbach: Hier erwartet den Besucher das interessante *Schulmuseum*.
Marktheidenfeld: Der Ort wurde schon im Mittelalter genannt und gelangte durch seine günstige Lage am Wirtschaftsweg Main und im fränkischen Weinbaugebiet schon bald zu Wohlstand. Dennoch hat es lange bis zur Stadterhebung (1948) gedauert. Umgeben von den Wassern des Mains, den grünen Wäldern des Spessarts und den Weinlagen gilt die Stadt als eine der schönsten am Mainlauf. • Zu den kulturellen Sehenswürdigkeiten zählen die *katholische Pfarrkirche St. Laurentius* und das *Rokoko-Rathaus* (um 1750). • Besonders stolz sind die Marktheidenfelder auf ihre 1837–1845 errichtete *Steinbrücke*, die eine der schönsten Mainbrücken ist. • Wer im August in der Stadt weilt, kann die *Laurenzi-Messe* besuchen. Ein Volksfest, bei dem der fränkische Wein in Strömen fließt und dessen Höhepunkt das Fischerstechen im Main ist.

Fahrradreparatur:
In Gemünden a.M., Lohr a.M. und Marktheidenfeld.

Karte:
ADFC-Radtourenkarte 1:150000, Mainfranken/Taubertal.

Information:
Verkehrsamt, Hofweg 9, 97737 Gemünden a.M., Tel. (09351) 3830, Fax (09351) 4854.
• Fremdenverkehrsverein, Luitpoldstraße 17, 97828 Marktheidenfeld, Tel. (09391) 500441, Fax (09391) 7940.

Pflochsbach bringt. Nun geht es leicht bergauf. Immer wieder ergeben sich schöne Blicke auf die Mainschleifen, umrahmt von üppigem Grün. Vor **Pflochsbach** knickt der Radweg scharf nach rechts und erspart uns so, den Ort auf der Hauptstraße zu durchfahren.

Zwischen Main und Dorf geht es weiter, und etwa 1 Kilometer nach Pflochsbach führt der Radweg auf das ruhige Landsträßchen, auf dem wir bis **Erlach a.M.** fahren. Hinter Erlach gelangen wir wieder auf den Radweg, dessen Belag hier etwas holprig ist, sich aber bald bessert.

Kurz vor **Zimmern** passieren wir die Staustufe »Rothenfels«. Rechts droben am Berg liegt die imposante Burg Bergrothenfels. Durch Gartenanlagen gelangen wir nach Zimmern hinein, und am kleinen Wendeplatz biegen wir nach rechts ab, hinunter zum Mainufer. Es geht kurz steil abwärts – aufpassen, denn eine scharfe Linkskurve folgt. Wer hier nicht bremst, landet im Main. Vorüber am Campingplatz von Zimmern fahren wir Richtung Dorf und halten uns an der ersten Weggabelung links. Wir radeln kurz bergauf, vorbei an Café und Bäckerei »Mainland« und durch eine enge Dorfstraße zur Ortsmitte.

Der besondere Tip

5000 Exponate geben dem Besucher zum Thema »Wald und Mensch« im Lohrer Spessart-Museum Auskunft. Hervorzuheben ist die vorzügliche Aufbereitung des Themas in kultureller, wirtschaftlicher und historischer Beziehung. Geöffnet Dienstag bis Samstag 10–12 Uhr und 14–16 Uhr, Sonn- und Feiertage 10–17 Uhr.

An der folgenden Weggabelung halten wir uns rechts und rollen leicht bergab, aus Zimmern hinaus. An der anschließenden T-Kreuzung dem Hinweisschild nach Marktheidenfeld folgen. Nach 300 Metern geht es dann rechts hinunter auf den Radweg.

5 Kilometer sind noch auf dem Radweg zurückzulegen, bis Marktheidenfeld erreicht ist. Zunächst passieren wir den Ort **Hafenlohr**, der auf der rechten Mainseite liegt, und geradeaus bringt uns der Teerweg nach Marktheidenfeld hinein. Kurz vor dem Ortsschild schwenkt der Radweg nach rechts und führt eng am Ufer entlang bis zum Stadtzentrum. Wir fahren unter der Mainbrücke durch und gelangen so auf den herrlichen Uferweg von **Marktheidenfeld**, wo zahlreiche Restaurants und Cafés zur Rast einladen.

8 ZWISCHEN MAIN UND TAUBER

Im Schatten der Spessarthügel zeichnet der Main zwischen Marktheidenfeld und Miltenberg die Südlinie eines Vierecks in die Landschaft. Schnurgerade macht er dies zur Freude der Radler jedoch nicht. In langen Kurven umfängt er die Ausläufer der Hügelzüge. Hier unten am Main ist das Klima weit angenehmer als in den nördlich gelegenen Spessartdörfern. Küchenschelle und seltene Orchideen dokumentieren, daß sie im Maintal das milde Klima finden, das sie zum Gedeihen brauchen.

INFO ZUR TOUR

Ausgangsort, Ausgangspunkt:
Marktheidenfeld, Mainbrücke.

Zielort: Miltenberg.

Gesamtlänge: 32 km.

Gesamtfahrzeit: 3 Std.

Höhendifferenz: 40 m.

Tourencharakter:
Ohne Schwierigkeiten auf Radwegen und nur kurz auf ruhigen Landstraßen am Main entlang.

Wertheim: Blick auf Kittsteintor und -turm, Stiftskirche und Burgruine

Fränkischer Fachwerkbau in Vollendung

Von der Mainbrücke in **Marktheidenfeld** dem Straßenverlauf folgen, vorbei am nördlichen Eingang zur Altstadt, in Richtung Wertheim. Vorüber an der Kirche geht es bis zum Ortsende und am Radhinweisschild »Erlenbach«, das wir nicht beachten, geradeaus weiter. Nach ca. 300 Metern orientieren wir uns

Rad- und Wanderweg bei Mondfeld

am Hinweisschild zum Radweg nach Lengfurt und kommen auf den Maintal-Radweg.

Über **Triefenstein** gelangen wir nach **Lengfurt**, wo wir auf die Hauptstraße wechseln. Direkt auf die Kirche zu, nicht auf der Vorfahrtsstraße, sondern nach rechts abbiegen. Ein grünes Hinweisschild zeigt uns den Weg bis zur Mariensäule. An dieser nach links und gleich wieder nach rechts. Durch die enge Dorfstraße bis zur folgenden Weggabelung, rechts halten und in die Neustraße hinein. Geradeaus, die nächste Kreuzung geradewegs überqueren und zum anderen Mainufer

Blick von Faulbach auf die Henneburg

wechseln. Gleich nach der Brücke links abbiegen auf den Radweg und bis **Trennfeld** fahren, das bald erreicht ist. Kurz nach dem Ortsschild wechseln wir auf die Hauptstraße durch den Ort und folgen den Hinweisschildern in Richtung Kreuzwertheim.

Vorbei am Umspannwerk Trennfeld, rollen wir eine schöne Abfahrt hinunter und unter der Autobahn Frankfurt – Würzburg hindurch nach **Rettersheim**. Auf der Hauptstraße den Ort durchfahren und an der folgenden Wegkreuzung nach links abbiegen. An der nächsten Weggabelung links halten, Richtung Kreuzwertheim. Einige Kurven bringen uns nach unten, bevor wieder ein Anstieg folgt, der in schattenspendenden Wald führt. Bei der anschließenden Abfahrt sollte man wegen der scharfen Kurven das Tempo drosseln. An der T-Kreuzung nach links abbiegen und bis **Kreuzwertheim** fahren.

In der Ortsmitte orientieren wir uns an den Schildern Richtung Wertheim und

biegen an der T-Kreuzung nach rechts ab. 50 Meter nach dem Ortsschild nach links abzweigen. Hier treffen wir auch wieder auf den Radweg, den wir für die Weiterfahrt nutzen. Nach der Spessartbrücke geradeaus weiter, bis zur Kreuzung. Hier nicht den Schildern in Richtung Altstadt/Mitte folgen, sondern nach rechts lenken. Wir nehmen die Vorfahrtsstraße vorbei am Postamt und lassen uns von den Schildern in Richtung Stadtmitte leiten. Kurz vor der Tauberbrücke ist in der Mauer rechts der Straße (Zebrastreifen) ein Durchgang für Fußgänger – hier das Rad hindurchschieben. Zum Parkplatzausgang fahren und nach links über die Brücke in die Altstadt von **Wertheim**.

Der Weiterweg beginnt wieder am Eingang zur Altstadt. Die Tauberbrücke beim »Kiliansbäck« überqueren; hinter der Brücke nach rechts lenken und stadtauswärts fahren, bis die große Ampelkreuzung erreicht ist. Dort den Hinweisschildern in Richtung Kreuzwertheim folgen

Miltenberg: Alte Mainbrücke

Marktplatz von Miltenberg

☞ AUF EINEN BLICK

Anfahrt:
Autobahn A 3 (Kassel – Würzburg), Ausfahrt Marktheidenfeld, oder auf der B 8 Würzburg – Aschaffenburg. Marktheidenfeld erreicht man per Bahn über Würzburg, Aschaffenburg und Lohr a.M.

Einkehr:
Zahlreiche Einkehrmöglichkeiten entlang dem Tourenverlauf.

Unterkunft:
In Marktheidenfeld. • Hotel »Zum Riesen«, 63897 Miltenberg, Tel. (09371) 3644. • Hotel »Schwan«, Mainplatz 8, 97877 Wertheim, Tel. (09342) 92330, Fax (09342) 21182. • Weinklause »Rosenbusch«, Engelbergweg 6, 63920 Großheubach, Tel. (09371) 8124, Fax (09371) 69838.

Sehens- und Wissenswertes:
Marktheidenfeld: Im Alten Rathaus befindet sich die *Gradl-Galerie*, und im Würzburger Tor kann man eine *Gemäldesammlung* besichtigen (s. auch Tour 7).
Wertheim: Hoch über der Stadt thront eine der schönsten *Burgruinen* Deutschlands. • Herrliche *Fachwerkbauten* aus dem 16. Jh. in der Innenstadt. • Auch sind Teile der alten *Wehranlagen* erhalten geblieben. • Sehenswert die *Stiftskirche* aus dem 14. und 15. Jh. • Seit dem Mittelalter ist die Glasindustrie in Wertheim heimisch. Exponate stehen im *Glasmuseum* in der Mühlenstraße 24. • In der Rathausgasse 10 befindet sich das *Grafschaftsmuseum.*
Miltenberg: Schon die Römer errichteten ein Castell in der Nähe der Stadt, die sich in ihrer heutigen Struktur während des 13. Jh. im Schutz der *Mildenburg* entwickelte. • 1368 erhielt Miltenberg die wichtigen Zoll- und Stapelrechte. Diese Einnahmequellen führten bald zu Wohlstand, wovon die prachtvollen *Fachwerkhäuser* künden. • Das *Hotel »Zum Riesen«*, erbaut 1590, zählt zu den ältesten Gasthäusern Deutschlands. • Sehenswert sind auch das *Alte Rathaus* und das *Hohe Haus* sowie die ehemalige *Mainzer Amtskellerei.*

Fahrradreparatur:
In Marktheidenfeld, Wertheim, Freudenberg (Radlereck, unterhalb der Mainbrücke) und Miltenberg.

Karte:
ADFC-Radtourenkarte 1:150000, Rhein/Neckar.

Varianten:
Diese Route ergibt zusammen mit Tour 9 und 15 eine herrliche Radwanderung in und um den Spessart.

Information:
Tourist-Information, Am Spitzen Turm, 97877 Wertheim, Tel. (09342) 1066 und 1067. • Tourist-Information, Engelplatz 69, 63897 Miltenberg, Tel. (09371) 400119. • Verwaltungsgemeinschaft Stadtprozelten, 97909 Stadtprozelten, Tel. (09392) 97600. • Fremdenverkehrsverein, Luitpoldstraße 17, 97828 Marktheidenfeld, Tel. (09391) 500441, Fax (09391) 7940.

und den Main überqueren. Gleich hinter der Brücke beginnt rechts der Straße der Radweg, der rechts, nach **Kreuzwertheim** hin, abknickt. Gleich hinter dem Knick geht es scharf nach rechts durch eine künstliche Engstelle hindurch. So kommen wir zum Radweg, der entlang dem Main nach Miltenberg führt. Wertheim lassen wir links des Mains liegen. Nach wenigen hundert Metern auf die parallel verlaufende Landstraße wechseln. Kurz vor **Hasloch** treffen wir wieder auf einen Radweg. Wir fahren über die Bahngleise hinweg und am Mainufer weiter. Nun radeln wir direkt auf die Schleusenanlage von **Faulbach** zu. Den Ort lassen wir rechts liegen. Am Ortsende passieren wir den Sportplatz und folgen der langgezogenen Linksschleife des Mains. Rechts oben auf einem bewaldeten Hügel über **Stadtprozelten** ist die Burgruine Hochthiergarten zu sehen.

Ein kurzer Abstecher vom Radweg nach rechts lohnt allemal, denn die schmucken Fachwerkhäuser von Stadtprozelten suchen auf diesem Streckenabschnitt ihresgleichen. Auf den Radweg kommt man schnell wieder, indem man von der Hauptstraße aus eine beliebige Gasse nach links hinunterfährt. Zwischen Bahnlinie und Mainufer geht es geradeaus weiter, vorbei an einigen Industrieanlagen, und wir passieren **Dorfprozelten**.

Hinter dem Ort verläuft der Radweg dicht neben der Landstraße. Nach ca. 3 Kilometern passieren wir Collenberg-Fechenbach und fahren auf Freudenberg zu, das auf der gegenüberliegenden Mainseite liegt.

Zunächst erreichen wir jedoch **Kirschfurt**. Der Radweg führt direkt zur Mainbrücke, wir biegen links auf diese ein und gelangen hinüber nach **Freudenberg**. An der T-Kreuzung hinter der Brücke nach rechts auf die Hauptstraße lenken und nach ca. 100 Metern auf das weiß-grüne Hinweisschild zum Radweg achten, wo wir rechts abzweigen. Nach 20 Metern beginnt der Radweg wieder. Auf diesen nach links einbiegen, Richtung Bürgstadt/Miltenberg. Nach gut 4 Kilometern ist **Bürgstadt** erreicht. 2 Kilometer sind es nun noch auf dem Radweg bis in den Altstadtkern von **Miltenberg**.

DER BESONDERE TIP

Wer Anfang Juli oder Oktober diese Tour unternimmt, sollte sich für Miltenberg Zeit nehmen. Die Miltenberger verstehen es zu feiern, und zu den schönsten Festen am Obermain zählen das Altstadtfest in der ersten Juliwoche und der Weinmarkt in der ersten Oktoberwoche.

9 WO FRANKEN HESSISCH WIRD

Bei Miltenberg wendet sich der Main steil nach Norden. Nach Osten hin gibt er dem Spessart seine Grenze, und nach Westen öffnen sich sanfte Hügel. Die Spessartmetropole Aschaffenburg bildet das nordwestliche Ende des Mainvierecks. An der Stadt fanden die Mainzer Kurfürsten derart Gefallen, daß sie sich zeitweise mehr hier aufhielten als an ihrem Regierungssitz. Mit Schloß Johannisburg erbauten sie eines der bedeutendsten Renaissanceschlösser Deutschlands, dessen prunkvolle Räume wie geschaffen sind für die zahlreichen Kunstsammlungen.

INFO ZUR TOUR

Ausgangsort, Ausgangspunkt: Miltenberg, Stadttor.

Zielort: Aschaffenburg.

Gesamtlänge: 40 km.

Gesamtfahrzeit: 3 Std.

Höhendifferenz: 30 m.

Tourencharakter: Einfache Radwanderung durch flaches Gelände am Main entlang.

Klingenberg: Blick von der Clingenburg

Kleinheubach: Reste der Stadtmauer

Portal der Aschaffenburger Stiftskirche

Vom Wein zum »Äppelwoi«

Von der Fußgängerzone in **Miltenberg** kommend, biegen wir nach dem Stadttor links ab in die Luitpoldstraße. Hier herrscht zeitweise starker Verkehr, deshalb die Straße zu Fuß überqueren und auf die linke Fahrbahn wechseln. Wir radeln an der Tankstelle vorbei und folgen der Linkskurve. Geradeaus weiter – nicht über die Brücke. An der aus rotem Backstein erbauten Kirche links der Straße fahren wir rechts auf den Radweg und verlassen so die stark frequentierte Straße. Der Radweg folgt dem Straßenverlauf und ist zugleich Gehweg – deshalb Achtung auf Fußgänger. Am Bahnhof vorbei rollen wir auf das nördliche Stadttor zu. Vor diesem endet der Radweg, und wir wechseln

Aschaffenburg, Schloß Johannisburg

wieder auf die Straße. Kurz vor dem Ortsendeschild orientieren wir uns an dem Hinweisschild und lenken nach links – Radfahrer dürfen nicht auf der B 469 fahren. Wir gelangen so in das Industriegebiet und folgen der Beschilderung in Richtung Aschaffenburg. Nach ca. 1 Kilometer kommen wir auf den Radweg, der links der Straße verläuft. Eine Brücke bringt uns über die Bahnlinie und die B 469 hinweg, und kurz darauf ist **Kleinheubach** erreicht.

Den Radwegschildern entsprechend geht es durch den Ort und entlang der Gleise bis nach **Laudenbach**. Eben radeln wir weiter, bis nach ca. 3 Kilometern **Trennfurt** in Sicht kommt, wo wir den Campingplatz passieren. Einige hundert Meter vor dem Ortsschild die Bahngleise auf dem Radweg überqueren. So stoßen wir auf die Ortsdurchfahrt von **Klingenberg a.M.** Direkt auf die Kirche zufahren und ca. 30 Meter davor entsprechend dem Radhinweisschild nach rechts abbiegen. Wir kommen am Campingplatz Mainruh vorüber, lassen eine alte Ziegelei links liegen, folgen dem Wegverlauf und erreichen eine schmale Ortsstraße. Auf dieser radeln wir entlang, vorbei an Schrebergärten und am Sportplatz von **Wörth a.M.** Nach dem Sportgelände nach rechts abbiegen und bis zum Mainufer fahren. Dort nehmen wir links den Radweg, der direkt am Ufer entlangführt.

Angler am Main bei Erlenbach

Am Ortsende von Wörth überqueren wir die Brücke und orientieren uns am Hinweisschild in Richtung Obernburg (nicht in Richtung Erlenbach fahren). Gleich hinter der Brücke zweigt der Radweg nach rechts ab, und wir bleiben so auf der linken Seite des Mains. Durch einen urigen Wiesengrund führt nun der Fahrweg und stößt bald an die B 469. Der Belag wird etwas holpriger, und eng an der Bundesstraße geht es in Richtung Obernburg. Kurz vor dem Ort stoßen wir an eine T-Kreuzung, links ist eine Unterführung zu sehen. Wir fahren nach links, unter der B 469 hindurch und an der

AUF EINEN BLICK

Anfahrt:
Autobahn A 3 (Kassel – Würzburg), Ausfahrt Wertheim und am Main entlang. Miltenberg ist Bahnstation auf der Strecke Bad Mergentheim – Aschaffenburg.

Einkehr:
Zahlreiche Einkehrmöglichkeiten entlang dem Tourenverlauf.

Unterkunft:
In Aschaffenburg, Miltenberg und den Orten entlang der Route. • Gasthof »Goldener Karpfen«, Löherstraße 20, 63739 Aschaffenburg, Tel. (06021) 23946.

Camping:
Mehrere Campingplätze direkt an der Strecke.

Sehens- und Wissenswertes:
Aschaffenburg: Das ehemalige kurmainzische *Renaissanceschloß Johannisburg* (1605–1614) beherrscht die Stadt. • Sehenswert ist die *Stiftskirche St. Peter und Alexander.* Neben dem *Kreuzgang* lohnt die 1516 erbaute *Maria-Schnee-Kapelle* mit ihrer kunstvollen Innenausstattung einen Besuch. • Eine Besonderheit ist das 1842 im Stil einer römischen Villa erbaute *Pompejanum.* • Im *Stiftkapitelhaus* (13.–18. Jh.) ist eine Fayencensammlung zu bewundern. • Im *Automuseum »Rosso Bianco Collection«* in der Obernauer Straße stehen zahlreiche Renn- und Sportwagen. • Der 1775 gestaltete *Park Schönbusch* zählt zu den schönsten Gartenanlagen Europas.
Klingenberg a.M.: Der Ort wurde bereits 776 urkundlich erwähnt. Berühmtheit erlangte er wegen seines Rotweins. • Über den Weinbergen thront die *Clingenburg* – seit 1683 Ruine. • Sehenswert sind die *Fachwerk- und Sandsteinhäuser* im Stadtkern.
Obernburg: Auf den Resten eines römischen Castells wurde Obernburg errichtet. • Im *Römermuseum* sind einschlägige Funde zu besichtigen.
Elsenfeld: Bekannt wurde der Ort aufgrund seines vorzüglichen Weins, des »Rücker Schalk«.
Miltenberg: Siehe Tour 8.

Fahrradreparatur:
In Miltenberg und Aschaffenburg.

Karte:
ADFC-Radtourenkarte 1:150000, Rhein/Neckar.

Information:
Tourist-Information, Schloßplatz 1, 63739 Aschaffenburg, Tel. (06021) 395800. • Tourist-Information, Engelplatz 69, 63897 Miltenberg, Tel. (09371) 400119.

folgenden Kreuzung rechts. Auf der Hauptstraße radeln wir nach **Obernburg a.M.** hinein.

Nach ca. 500 Metern rechts in Richtung Elsenfeld abbiegen, auf die Mainbrücke fahren und zum rechten Mainufer hinüberwechseln. An der Ampelkreuzung hinter der Brücke lenken wir nach links und erreichen **Elsenfeld**.

Auf der Hauptstraße geht es geradeaus. In der Ortsmitte auf das Radwegschild achten, das nach links weist und auf den Radweg führt, der links der Bahnlinie verläuft und uns bis Kleinwallstadt bringt. Gleich am Ortsbeginn knickt der Weg scharf links ab und zieht durch enge Dorfstraßen bis zum Mainufer, wo wir uns dem Wegverlauf folgend nach rechts wenden. Schnell ist die Hauptstraße von **Kleinwallstadt** erreicht.

Auf dieser Richtung Ortsende fahren und ca. 400 Meter nach dem Ortsendeschild rechts, in Richtung Dornau, abbiegen. Wir überqueren die Bahnlinie und halten uns links, wo der Radweg in Richtung **Sulzbach a.M.** weiterverläuft. In Sulzbach führt der Radweg nach den ersten Häusern an die Hauptstraße.

Hier biegen wir scharf links ab und rollen über Hauptstraße und Bahnlinie hin-

DER BESONDERE TIP

Im Aschaffenburger Schloß Johannisburg befindet sich heute die größte bayerische Staatsgemäldesammlung außerhalb Münchens. Vor allem die Liebhaber altdeutscher Malerei kommen hier auf ihre Kosten, denn die Werke Lucas Cranachs bilden einen Schwerpunkt. Neben der Gemäldegalerie finden noch das Schloßmuseum, ausgestattet mit wertvollem Mobiliar der Mainzer Erzbischöfe, sowie die Hof- und Staatsbibliothek Raum. Öffnungszeiten: April bis September Dienstag bis Sonntag 9–12 Uhr und 13–17 Uhr, in den übrigen Monaten 10–12 Uhr und 13–16 Uhr. Das Glockenspiel, das sich in der Dachhaube des Ostturms von Schloß Johannisburg befindet, erklingt täglich um 9.05, 12.05 und 17.05 Uhr.

weg in den Kleewiesenweg. An der folgenden Weggabelung nach rechts über die Bahngleise wechseln und links die Niedernberger Straße entlangfahren. Direkt am Campingplatz rechts in den Akazienweg einbiegen und auf der Bahnhofstraße nach links radeln. Nach wenigen Metern lenken wir rechts in die Altenbachstraße. 50 Meter weiter geht es nach links in den Mühlweg, diesen scharf rechts und dann links in die Bollenwaldstraße. Jetzt ist bereits **Obernau** erreicht.

Kurz vor der Hauptstraße wenden wir uns nach rechts und rollen die Jahnstraße entlang. An der folgenden T-Kreuzung fahren wir links und gleich wieder rechts in die Friedenstraße. Wir folgen dem Straßenverlauf und biegen am Umspannwerk, das rechts der Straße liegt, links ab. Über Gleise und Straße hinweg kommen wir auf den Fahrweg, der nun direkt am rechten Mainufer entlangführt. Wir radeln unter der Adenauer- und Willigsbrücke hindurch und gelangen so in die Stadtmitte von **Aschaffenburg**, direkt vor das Schloß Johannisburg.

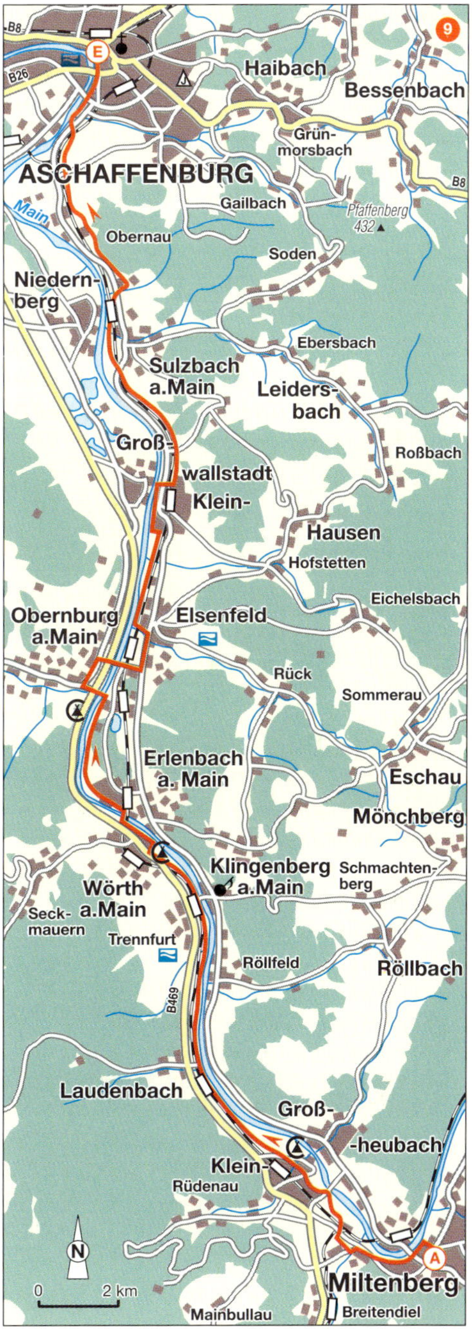

10 VOM WEINLAND INS WALDLAND

Diese Tour führt durch zwei völlig verschiedene Landschaften. Um Volkach dominieren noch die Weinberge, doch wenn die Hügel des Steigerwalds erreicht sind, bestimmen Getreide, Mais und Kartoffeln die Szene. Durch dichten Wald gelangt man sodann in die kleine Stadt Ebrach. Hier wurde im 12. Jahrhundert Frankens erstes Zisterzienserkloster gegründet. Die Klosterkirche gehört zu den sehenswertesten frühgotischen Kirchenbauten Bayerns.

INFO ZUR TOUR

Ausgangsort, Ausgangspunkt:
Volkach, Rathausplatz.

Zielort: Ebrach.

Gesamtlänge: 30 km.

Gesamtfahrzeit: 2 Std.

Höhendifferenz: 150 m.

Tourencharakter:
Mäßig schwierige Radwanderung mit mehreren Anstiegen.

Felder bei Järkendorf

Ein Schloß wird zum Gefängnis

Ausgangspunkt der Tour ist das Stadtzentrum von **Volkach**. Direkt vor dem Renaissance-Rathaus starten wir, fahren durch das südliche Stadttor und biegen an der folgenden Kreuzung nach links ab. Die Professor-Jäcklein-

Bildstock bei Ebrach

Straße bringt uns stadtauswärts. Nach knapp 1 Kilometer erreichen wir eine Kreuzung, die geradeaus überquert wird. Auf der gut ausgebauten Trasse geht es zunächst ca. 400 Meter weiter, dann weist ein Verkehrsschild nach links auf eine schmale Landstraße. Hier nach links ab-

Das schloßartige Barockkloster von Ebrach

biegen in Richtung Lülsfeld/Rimbach. Zunächst ist die Straße noch gut ausgebaut. Es geht leicht bergauf, und bald folgt zu beiden Seiten dichter Mischwald. Das Sträßchen wird noch schmaler und gleicht nun einem Hohlweg. Bis kurz vor Rimbach steigt die Trasse stetig an, bevor eine kleine Abfahrt nach **Rimbach** hineinführt.

Im Ort der Vorfahrtsstraße in Richtung Lülsfeld folgen. Es geht aus Rimbach hinaus, und nun halten wir uns an die Hinweisschilder in Richtung Järkendorf. Zunächst treten wir bergauf, doch nach knapp 1 Kilometer ist bereits der Bergkamm erklommen und es eröffnet sich ein herrlicher Blick auf die fruchtbaren Felder. Am Horizont ist der Höhenzug des Steigerwalds zu erkennen.

In Volkach: Schmiedeeisernes Apothekenschild

Marienfigur am Marktplatz

Erker am Rathaus

Am Ortseingang von **Järkendorf** wartet ein holpriger Bahnübergang, den man langsam überqueren sollte. Geradewegs geht es durch den Ort, nun in Richtung Brünnau. Links und rechts des kurvigen und abwechslungsreichen Sträßchens stehen lange Obstbaumreihen.

Vor **Brünnau** rollen wir steil bergab und unterqueren die B 286. Kurz nach der Unterführung folgt eine Kreuzung, die wir geradeaus überqueren. Es geht bergab bis zu einer T-Kreuzung. Hier nach rechts abbiegen, dem Schild »Sportplatz« entsprechend. Kurz darauf ist das Ortsende von Brünnau erreicht, und die kleine Landstraße bringt uns nach Bimbach. Zum Sportplatz hin geht es kurz steil bergauf, doch dann folgt ein langes flaches Stück, bevor wir zügig abwärts zu einer Kreu-

AUF EINEN BLICK

Anfahrt:
Autobahn A 3 (Würzburg – Nürnberg), Ausfahrt Schwarzach, oder Autobahn A 7 (Kassel – Würzburg), Ausfahrt Biebelried. Ebrach hat Bahnanschluß an die Strecke Nürnberg – Bamberg.

Einkehr:
Zahlreiche Einkehrmöglichkeiten entlang dem Tourenverlauf.

Unterkunft:
In Ebrach und Volkach (s. Tour 4).

Sehens- und Wissenswertes:
Ebrach: Siehe Tour 11.
Volkach: Nur wenige Kilometer nordöstlich von Würzburg liegt dieser kleine Winzerort mit knapp 9000 Einwohnern. Bereits Mitte des 13. Jh. erhielt Volkach die Stadtrechte. Ringsum erstrecken sich prächtige Weinlagen, und so konnte sich die Stadt durch alle Jahrhunderte einer gesunden wirtschaftlichen Struktur erfreuen, denn Wein wurde immer getrunken. • Der mittelalterliche Reichtum der Winzergemeinde Volkach dokumentiert sich vor allem in der prächtigen Barockausstattung der spätgotischen *Stadtkirche St. Bartholomäus.* • Viele alte *Bürgerhäuser* im fränkischen *Fachwerkstil* säumen heute noch die Gassen um den Marktplatz. • Prachtstücke mittelalterlicher Architektur sind das *Rathaus* (16. Jh.) und das *Schelfenhaus* (1719–1720).

Fahrradreparatur: In Ebrach und Volkach.

Karte:
ADFC-Radtourenkarte 1:150000, Mainfranken/Taubertal.

Information:
Tourist-Information Haßberge, Obere Senigstraße 4, 87461 Hofheim/Ufr., Tel. (09523) 92290, Fax (09523) 267. • Verkehrsamt Volkach, Rathaus, 97326 Volkach, Tel. (09381) 40112, Fax (09381) 40116. • Verkehrsamt Ebrach, Rathausplatz , 96157 Ebrach, Tel. (09553) 92200.

Rapsfelder zwischen Volkach und Ebrach

✎ DER BESONDERE TIP

Das bedeutendste Kunstwerk Volkachs ist die Rosenkranzmadonna in der Wallfahrtskirche Maria im Weingarten. Die kleine, von außen eher unscheinbare Kapelle findet sich ca. 1½ Kilometer außerhalb des Orts, mitten in den Weinbergen. Tilman Riemenschneider fertigte die Madonna zwischen 1521 und 1524. Sie ist von einem Holzoval umgeben, das mit geschnitzten Rosenblättern und fünf Medaillons ausgeschmückt ist. In den Medaillons sind die sogenannten Rosenkranzgeheimnisse – Szenen aus dem Leben Mariens – dargestellt.

zung rollen. Rechtzeitig die Geschwindigkeit verringern, da eine Vorfahrtsstraße kommt. Nach links geht es in den Ort **Bimbach**.

Wir biegen jedoch rechts ab, radeln ca. 200 Meter bis zu einer Abzweigung, an der wir nach links lenken in Richtung Oberschwarzach. Vorbei an Pferdekoppeln führt die Straße in den Landkreis Schweinfurt. An der Kreuzung von **Oberschwarzach** geradewegs hinüber und vorbei an Kirche und Friedhof. An der folgenden T-Kreuzung weisen Radschilder nach rechts. Wir fahren jedoch geradeaus weiter auf einem mit Verbundsteinen gepflasterten Flurweg.

Nach ca. 1 Kilometer folgt eine T-Kreuzung, an der wir uns links halten. Ein schmaler Teerweg bringt uns zu einer weiteren Weggabelung, an der wir nach rechts biegen. Schnell erreichen wir ein Zauntor, das Einlaß in die herrlichen Weinlagen bietet. Wir zweigen nach dem Zauntor rechts ab und sehen bald die ersten Häuser von **Handthal** vor uns liegen. Kurz vor dem Ort verlassen wir wieder den Teerweg entlang der Rebenreihen. In Handthal fahren wir nach links auf die Staatsstraße und bis zur Ortsmitte. Noch vor der Kirche die Hauptstraße verlassen und nach rechts abbiegen.

Der Teerweg führt aus dem Ort hinaus, und es geht durch die Felder ein kurzes Stück bergan. Bald erreichen wir einen kühlenden Wald, und auf einem festen Schotterweg sind die letzten 4 Kilometer schnell überwunden. Kurz vor Ebrach kommen wir wieder aus dem Waldstück heraus und haben nun wieder Teerbelag unter den Rädern. An einem schmalen Bach führt die kurvige, schmale Straße, vorbei an liebevoll gepflegten Gartenanlagen, bis zur Einmündung in die B 22. Hier biegen wir nach links ab und radeln kerzengerade auf der breiten Bundesstraße bis zum Ortskern von **Ebrach** hinein.

11 DURCH DEN STEIGERWALD

Aus der Mainebene ragt der Steigerwald unvermittelt heraus. Seine Höhenzüge schützen die Reben des westlichen Weinfranken vor den kalten östlichen Winden. Ist die Landschaft um Volkach noch lieblich und verspielt, so wird sie in Richtung Ebrach geradezu derb. Auch die kulinarischen Genüsse werden eine Spur deftiger. Wein paßt nicht hierher. Es ist vielmehr ein Land des Biers – solo getrunken oder mit deftigem Schweinebraten und Kraut genossen.

INFO ZUR TOUR

Ausgangsort, Ausgangspunkt:
Ebrach, Hauptstraße vor dem Schloß.

Zielort: Bamberg.

Gesamtlänge: 45 km.

Gesamtfahrzeit: 3 Std.

Höhendifferenz: 50 m.

Tourencharakter:
Leichte Radtour mit nur wenigen anstrengenden Steigungen.

Sonnenblumenfeld im Steigerwald

Am Schutzwall des Frankenweins

Wir verlassen **Ebrach** zunächst auf der B 22 in Richtung Bamberg. Gleich nach dem Durchfahren des östlichen Stadttors biegen wir links ab und folgen dem Hinweisschild in Richtung Eltmann/Untersteinbach. Ein kurzes Stück

Stadeltor mit Zwiebelzöpfen

bergauf und in einer schönen Abfahrt in einen Wiesengrund. Danach zieht sich ein Anstieg über 3½ Kilometer hin. Am Ende sind links die rot leuchtenden Dächer von **Neudorf** zu sehen.

Wir bleiben auf der Straße und radeln ca. 400 Meter. Etwa 20 Meter, bevor die Straße wieder in den Wald hineinführt, zweigt nach rechts ein Schotterweg ab. Er leitet direkt in den Steigerwald hinein. Ein von Gras überwuchertes Radwander-Hinweisschild ist an dieser Stelle nur schlecht zu erkennen. Ein Schotterweg verläuft auf

Ackerbau prägt die fränkische Landschaft

einem Höhenzug bis nach Burgebrach. Nach knapp 4 Kilometern stoßen wir auf die Verbindungsstraße zwischen Falsbrunn und Burgwindheim.

Hier biegen wir vom Waldweg nach links ab. Eine herrliche Abfahrt bringt uns hinunter in das kleine, schmucke Dörfchen **Falsbrunn**. Wir zweigen an der T-Kreuzung vor dem Ort rechts ab und

Fränkisches Bauernhofidyll

Landwirt mit Sense bei Burgebrach

fahren nach Falsbrunn hinein. Bis nach Zettmannsdorf bleiben wir nun auf dem ruhigen Landsträßchen. Insgesamt 2 Kilometer sind es von Falsbrunn bis nach **Prölsdorf**.

In Prölsdorf kommen wir nach den ersten Häusern an eine T-Kreuzung, an der wir rechts abbiegen. Wir radeln an der Kirche vorbei und an der Weg-

AUF EINEN BLICK

Anfahrt:
Autobahn A 3 (Würzburg – Nürnberg), Ausfahrt Geiselwind, oder Autobahn A 70 (Schweinfurt – Bamberg), Ausfahrt Eltmann. Ebrach hat Bahnanschluß an die Strecke Nürnberg – Bamberg.

Einkehr:
Zahlreiche Einkehrmöglichkeiten entlang der Tour.

Unterkunft:
In Ebrach und Bamberg (s. Tour 1).

Camping:
Campingplatz Insel, Bamberg-Bug, Tel. (0951) 56320 und 56372.

Sehens- und Wissenswertes:
Ebrach: 1127 ließen sich hier Zisterzienser nieder und gründeten ein *Kloster* – Frankens erste Zisterzienserabtei. Der in Würzburg tätige Stukkateur Materno Bossi wirkte zwischen 1778 und 1791 in Ebrach und schmückte die *Klosterkirche* aus. Sie zählt zu den bedeutendsten frühgotischen (1200–1285) Bauwerken Deutschlands. An den weiteren Klostergebäuden waren berühmte Baumeister wie Balthasar Neumann, Leonhard Dientzenhofer und Joseph Greising beteiligt, die allesamt in Diensten der Würzburger Fürstbischöfe standen. Sie machten das Kloster zu einem der erstrangigen Barockklöster Frankens im Stil einer fürstlichen Residenz. Heute dienen die Klostergebäude als Jugendstrafanstalt.
Burgebrach: Der Ort geht auf eine von 14 Slawenkirchen zurück, die Karl der Große um 800 im Gebiet von Bamberg errichten ließ. • Die Durchfahrtsstraße führt direkt unter dem 1720 erbauten *Barock-Rathaus* hindurch. • Die gotische *Pfarrkirche St. Veit* besitzt einen sehenswerten barocken Hochaltar, der 1712–1714 von einheimischen Künstlern geschaffen wurde.
Bamberg: Siehe Tour 1.

Fahrradreparatur:
In Ebrach und Bamberg.

Karte:
ADFC-Radtourenkarte 1:150000, Mainfranken/Taubertal.

Information:
Tourist-Information Steigerwald, Hauptstraße 3, 91443 Scheinfeld, Tel. (09162) 12424, Fax (09162) 12433. • Fremdenverkehrsamt, Geyerswörthstraße 3, 96047 Bamberg. • Verkehrsamt Ebrach, Rathausplatz , 96157 Ebrach, Tel. (09553) 92200.

kreuzung danach rechts, den Schildern in Richtung Halbersdorf entsprechend. Geradewegs geht es durch **Halbersdorf** hindurch, und nach weiteren 2 Kilometern ist **Zettmannsdorf** erreicht.

Etwa 100 Meter nach dem Ortsschild kommt eine Abzweigung nach rechts. Wir folgen dem schmalen Teersträßchen zunächst über die Rauhe Ebrach hinweg und dann in den Wald hinein. Ein kräftiger Anstieg bringt uns bis auf den Hirschberg (403 m), der nach 3 Kilometern erreicht ist. An der Kreuzung im Wald zeigt ein Hinweisschild nach links, in Richtung Burgebrach. Hier links abbiegen.

8 Kilometer sind es noch bis Burgebrach. An der ersten Weggabelung links halten und an der nächsten dem halb rechts abzweigenden Weg folgen. Die nächste Kreuzung überqueren wir geradeaus. An der folgenden Weggabelung halten wir uns links, kurze Zeit darauf bleiben wir wieder auf dem nach links verlaufenden Weg. An den zwei anschließenden Gabelungen lenken wir nach rechts, dann links, wieder links, und schon ist der Teerweg erreicht, der eine flotte Abfahrt ermöglicht. An der ersten Kreuzung biegen wir links ab und gelangen nach **Burgebrach**. Wem die rauschende

Fahrt gefällt, der kann auch die erste Kreuzung geradeaus überqueren und bis zur Kreuzung der Ortsverbindungsstraße Vollmannsdorf/Burgebrach rollen. Dort links abzweigen und nach Burgebrach hinein. Wir gelangen in die Treppendorfer Straße und durch ein Tor in die kopfsteingepflasterte Altstadt.

An der folgenden Kreuzung biegen wir links ab und orientieren uns zunächst an den Hinweisschildern in Richtung Schönbrunn i.S. Eine Brücke führt über die Mittelebrach, kurz danach verlassen wir die Straße und lenken nach rechts in Richtung **Grasmannsdorf**, das wir auf einer kleinen, gewundenen Landstraße erreichen.

Gleich am Ortsbeginn geht es scharf rechts in Richtung Oberharnsbach. Nach 1½ Kilometern passieren wir einen Pferdehof mit Reit- und Springanlagen. Kurz darauf ist **Oberharnsbach** erreicht. An der ersten Kreuzung links abbiegen, 100 Meter weiter die Hauptstraße verlassen und dem Hinweisschild nach Unterharnsbach folgen. Der Vorfahrtsstraße nach geht es zum Ort hinaus und bis **Unterharnsbach**.

Dort kommen wir auf die Dorfstraße. Nicht der Vorfahrtsstraße folgen, sondern geradeaus weiterfahren. Nach 2 Kilometern ist **Abtsdorf** erreicht, von wo aus wir geradeaus bis **Vorra** weiterradeln. Wir bleiben auf dem schmalen Weg geradeaus und gelangen so nach **Reundorf**. Hier biegen wir direkt vor der Kirche rechts ab und rollen bis zur Bahnlinie, die wir überqueren. Jenseits der Gleise bringt uns ein schmaler Teerweg bis nach **Pettstadt**. Der namenlose Weg heißt in Pettstadt Bahnstraße, und diese fahren wir bis zum Ende. Dann biegen wir nach links in die Allacher Straße ein und radeln bis zur Kreuzung mit der Hauptstraße. Hier rechts ab und aus dem Ort hinaus.

An der folgenden Kreuzung wenden wir uns links, in Richtung Bamberg. Die nächste Kreuzung überqueren wir geradeaus. Ein Landsträßchen bringt uns nach **Neuhaus** hinein.

Gleich am Ortsbeginn, nach einer Rechtskurve, zweigen wir von der Hauptstraße nach rechts ab und gelangen an das Ortsende und über die Aurach. An der folgenden Gabelung nehmen wir den rechten Weg, der in den Radweg nach Bamberg mündet. Am Ortsbeginn von **Bug** müssen wir den Radweg kurz verlassen. Auf der Ortsstraße bis zum Ortsende. Vor der scharfen Rechtskurve geht rechts ein Weg zu einem Parkplatz ab. Rechts der Straße ist die Regnitz zu sehen. Rechts haltend gelangen wir nach 100 Metern an eine Schleusenbrücke. Wir überqueren die Regnitz und fahren auf dem Radweg den Hinweisschildern Richtung **Bamberg/ Stadtmitte** nach.

VERKEHRSAMT

12 DURCH DAS OBERE TAUBERTAL

Entlang der Tauber führt der Radweg »Liebliches Taubertal« nach Süden, wo uns die im Mittelalter durch den Weinhandel zu Reichtum gelangte Stadt Tauberbischofsheim erwartet. Dann weitet sich das Tal, die Höhenzüge rücken von den Flußufern weg, und durch eine sanfte Hügellandschaft wird Bad Mergentheim erreicht. Hier hatten die Deutschordensritter während des Mittelalters ihren Hauptsitz. Der Orden bestand bis zu seiner Auflösung durch Napoleon (1809).

INFO ZUR TOUR

Ausgangsort, Ausgangspunkt:
Wertheim, Tauberbrücke.

Zielort: Bad Mergentheim.

Gesamtlänge: 53 km.

Gesamtfahrzeit: 4 Std.

Höhendifferenz: 70 m.

Tourencharakter:
Leichte Radwanderung durch das Taubertal mit nur einem steilen Anstieg.

Die sogenannten »Zwillingshäuser« in Bad Mergentheim, zweite Hälfte 18. Jahrhundert

Schmucke Bürgerhäuser und ein Ordensschloß

Wir starten in **Wertheim** an der Tauberbrücke, am linken Flußufer ist der Radweg schon zu sehen. Wir überqueren die Brücke und biegen nach den Bahngleisen links ab. Nach wenigen Metern wird ein Durchlaß sichtbar, der uns nach links zum Uferradweg bringt. Dem Radweg folgend erreichen wir nach wenigen Kilometern den Tauberort **Waldenhausen**.

Auf dem Radweg »Liebliches Taubertal«

Der Radweg ist ausgezeichnet ausgeschildert. Dem mäandernden Lauf der Tauber nachradelnd kommen wir nach **Reicholzheim**. Der am anderen Tauberufer liegende Ort ist über eine kleine Brücke erreichbar.

Marktplatz von Tauberbischofsheim

Schloßkirche in Bad Mergentheim

St.-Martins-Kirche in Tauberbischofsheim

☞ AUF EINEN BLICK

Anfahrt:
Autobahn A 81 (Stuttgart–Würzburg), Ausfahrt Tauberbischofsheim. Wertheim erreicht man mit der Bahn über Würzburg, Aschaffenburg und Heilbronn.

Einkehr:
Zahlreiche Einkehrmöglichkeiten entlang dem Tourenverlauf.

Unterkunft:
In Wertheim, Tauberbischofsheim und Bad Mergentheim. • Gästehaus »Mittnacht«, Nonnenstraße 8, 97980 Bad Mergentheim, Tel. (07931) 45390. Weinstube »Lochner« (direkt am Radweg), 97980 Bad Mergentheim-Markelsheim, Tel. (07931) 2081, Fax (07931) 2080.

Camping:
Azur, Wertheim, Tel. (09342) 5719. • Camping Forelle, Wertheim-Reicholzheim, Tel. (09342) 4435. • Camping Adelmann, Wertheim-Bettingen, Tel. (09342) 4602. • Campingpark, Wertheim-Bettingen, Tel. (09342) 7077. • Camping Wilinger Tal, Bad Mergentheim, Tel. (07931) 2177.

Jugendherberge:
Wertheim, Alte Vockenroter Steige 16, Tel. (09342) 6451.

Sehens- und Wissenswertes:
Wertheim: Siehe Tour 8.
Bad Mergentheim: Am *Marktplatz Fachwerkhäuser* und *barocke Prunkbauten*. Das *Rathaus* (1564) sticht besonders heraus. Mitten auf dem Platz steht der *Milchlingsbrunnen* mit einer Skulptur des Deutschmeisters Wolfgang Schutz, genannt Milchling. Dieser machte Mergentheim zur Deutschordensresidenz.
• Das *Münster St. Johannes* stammt aus dem 13. Jh.
• Auf der gegenüberliegenden Seite des Marktplatzes erhebt sich die *Marienkirche*. Sehenswert die Wandmalereien, die auf 1300–1310 datiert werden.
• Der Wildpark Bad Mergentheim zeigt ca. 600 einheimische Tierarten sowie umfangreiche Insekten- und Schmetterlingssammlungen und Eier von über 100 einheimischen Vögeln. Im begehbaren Freigehege sind Nutztiere zu beobachten.
Tauberbischofsheim: Siehe Tour 14.

Fahrradreparatur:
In Wertheim, Tauberbischofsheim und Bad Mergentheim.

Karte:
ADFC-Radtourenkarte 1:150000, Mainfranken/Taubertal.

Information:
Fremdenverkehrsgesellschaft, Postfach 1242, 97877 Wertheim, Tel. (09342) 1066, Fax (09342) 38277. • Kultur- und Verkehrsamt, Marktplatz 3, 97980 Bad Mergentheim, Tel. (07931) 57135, Fax (07931) 57300.

Weiter geht es in Richtung Bronnbach. Zuvor ist jedoch ein steiler Anstieg zu überwinden. In schöner Abfahrt rollen wir danach wieder abwärts an den Tauberlauf und nach **Bronnbach**, das ebenfalls auf der rechten Tauberseite liegt. Dichter Mischwald und die am Ufer stehenden Trauerweiden spenden an heißen Tagen angenehmen Schatten.

Über **Gamburg** und vorbei an Werbach gelangen wir nach **Hochhausen**, wo sich das enge Taubertal weitet. Am Ortsbeginn von Hochhausen an der Weggabelung links halten, vorbei am Bildstock, und an der folgenden Gabelung links ab. Der Weg führt direkt auf ein Haus zu. An diesem links und gleich wieder rechts abbiegen. Bei der nächsten Weggabelung radeln wir links und geradewegs durch den Wiesengrund. An der T-Kreuzung nach links abzweigen. Nun verläuft der Radweg parallel zur Straße. Nach ca. 3 Kilometern weist ein Schild links vom Radweg weg zur »Besenwirtschaft«. Wer will, kann dort eine Brotzeitrast einlegen.

Richtung **Tauberbischofsheim** führt der Radweg geradeaus weiter. Dort angekommen, fahren wir auf dem kombinierten Geh- und Radweg links der Straße bis zur Ampelkreuzung und hier nach rechts in die Schmiederstraße zur Stadtmitte. Es geht leicht bergauf in Richtung Schloßplatz. An der scharfen Rechtskurve beginnt auf der linken Seite die Fußgängerzone.

Wir verlassen Tauberbischofsheim vom Stadtzentrum aus über die Tauberbrücke, nach der wir uns rechts wenden. Von der Brücke aus sieht man unten schon den Radweg verlaufen. Wir wechseln auf diesen und fahren entlang der Tauber bis zum nächsten Ort – **Dittigheim**. Schon von weitem ist die riesige Autobahnbrücke zu erkennen, die wir unterqueren.

Eng begleitet nun die Bahnlinie den Radweg bis nach **Lauda-Königshofen**. Wir durchqueren Lauda, und 4 Kilometer weiter ist Königshofen erreicht. Hier führt eine Brücke über die Umpfer. Wir verlassen den Radweg, fahren in das Zentrum von Königshofen und auf der Hauptstraße Richtung Ortsende/Bad Mergentheim. Nach dem Ortsendeschild von Königshofen verläuft der Radweg links der Straße nach Bad Mergentheim.

Lediglich in **Unterbalbach** und **Edelfingen** müssen wir auf die Hauptstraße wechseln, um die Ortschaften zu durchfahren und dann wieder auf den Radweg zu gelangen. Der Wegverlauf in Richtung Bad Mergentheim ist gut ausgeschildert. Kurz vor **Bad Mergentheim** verläßt der Radweg die B 290 und führt nördlich der Stadt leicht bergauf. Nach ca. 1 Kilometer knickt er scharf nach rechts, und wir radeln den Hinweisschildern Richtung Bad Mergentheim/Stadtmitte nach.

✎ DER BESONDERE TIP

Das Deutschordensschloß von Bad Mergentheim beherbergt das Ordens- und Stadtmuseum. Zu sehen sind fürstliche Wohnräume des Barock, Rokoko und Klassizismus, außerdem historische Puppenstuben, Zinnfiguren und Waffen. Dargestellt wird die Deutschordensgeschichte ebenso wie die Geschichte der Stadt und des Heilbads Mergentheim. Ein großer Teil des Museums ist dem berühmten Schriftsteller der Romantik, Eduard Mörike, gewidmet. Er lebte und arbeitete von 1844 bis 1851 in Bad Mergentheim. Daneben nimmt natürlich die Dokumentation des mittelalterlichen Deutschen Ordens und seiner missionarischen Rolle im Auftrag von Kirche und Kaiser einen großen Raum ein.

13 ENTLANG DER ROMANTISCHEN STRASSE

Mehrmals überschreitet der Tourenverlauf die Grenze zwischen Bayern und Baden-Württemberg. Durch hügeliges Gelände geht es bis nach Creglingen, wo in der Herrgottskirche mit Tilman Riemenschneiders Marienaltar ein kulturelles Erlebnis ersten Ranges wartet. Vom schwäbischen Creglingen führen ruhige Landstraßen nach Bayerisch-Franken, und entlang der Romantischen Straße radeln wir bis zum Ziel: Rothenburg ob der Tauber, für das man sich viel Zeit nehmen sollte.

INFO ZUR TOUR

Ausgangsort, Ausgangspunkt:
Bad Mergentheim, Deutschordensschloß.

Zielort: Rothenburg o.d.T.

Gesamtlänge: 50 km.

Gesamtfahrzeit: 4 Std.

Höhendifferenz: 90 m.

Tourencharakter:
Mäßig schwierige Radwanderung durch das Taubertal mit einigen gut zu bewältigenden Anstiegen.

Schloß Weikersheim entstand um 1600 an der Stelle einer staufischen Wasserburg

Zu Riemenschneiders Meisterwerk im romantischen Rothenburg

Wir verlassen **Bad Mergentheim** ausgehend vom Deutschordensschloß und folgen den Hinweisschildern in Richtung Würzburg/Rothenburg (B 19). Am Stadtende begleitet die stark befahrene Bundesstraße ein Radweg, der uns bis Igersheim bringt.

Heilig-Blut-Altar in der Jakobskirche

Rothenburg: Marktplatz mit Georgsbrunnen

Am Ortsschild von **Igersheim** radeln wir steil bergab, in einer langen Rechtskurve unter der Tauberbrücke hindurch und rechts des Flusses weiter in Richtung Markersheim. In der Ortsmitte von **Markersheim** links abbiegen, bis zu den Bahngleisen fahren und vor diesen nach rechts auf den Radweg einschwenken.

Nun geht es an den Gleisen entlang bis **Elpersheim**. Dort nach rechts abbiegen, die Tauber überqueren und in den Ort hineinfahren. An der Kirche vorüber und in der langgezogenen Linkskurve nach links abzweigen (Hinweis »Radweg«).

Bei den ersten Häusern von **Weikersheim** beginnt ein kurzer steiler Anstieg, links verläuft die Bahnlinie. Nach ca. 500 Metern stoßen wir auf die Hauptstraße, lenken hier nach links und folgen

Rothenburg: Wirtshausschild

Häuserfassaden in der Innenstadt

den Hinweisschildern in Richtung Stadtmitte. Die Vorfahrtsstraße entlangradeln und die Bahnlinie überqueren (Brücke). Die Türme des Schlosses von Weikersheim sind schon zu sehen. Leicht bergab führt die Straße in den Ort hinein. Am grünen Haus »Blumen Brenner« nach links abbiegend gelangen wir auf den mittelalterlichen Dorfplatz mit schönen Straßencafés.

Wir radeln auf der Straße weiter und lassen die Kirche rechts liegen. An der Kreuzung nach rechts abzweigen, die Hauptstraße entlangfahren und den Schildern in Richtung Queckbronn/Creglingen folgen (links ab). Die schmale Landstraße führt zunächst bergauf. Auf kurviger Strecke gelangen wir in schönen Mischwald. Leichte Steigungen und Gefälle bringen uns nach **Queckbronn**.

Karikaturen im Schloßgarten von Weikersheim

☞ AUF EINEN BLICK

Anfahrt:
Autobahn A 81 (Heilbronn – Würzburg), Ausfahrt Tauberbischofsheim. Bad Mergentheim ist per Bahn über Aschaffenburg, Würzburg und Heilbronn zu erreichen.

Einkehr:
Zahlreiche Einkehrmöglichkeiten entlang der Tour.

Unterkunft:
In Bad Mergentheim (s. Tour 12), Weikersheim, Creglingen und Rothenburg o.d.T. • »Heuhotel Weidenhof«, 97933 Creglingen, Ortsteil Frauental, Tel. (079 33) 378.

Camping:
Camping Wilinger Tal, Bad Mergentheim, Tel. (0 79 31) 21 77. • AZUR-Camping Romantische Straße, Creglingen-Münster, Tel. (079 33) 321.

Jugendherberge:
Creglingen, Erdbacher Straße 30, Tel. (079 33) 336.

Sehens- und Wissenswertes:
Bad Mergentheim: Siehe Tour 12.
Weikersheim: *Schloß* und *Schloßgarten* (1709).
Creglingen: Das *Fingerhutmuseum* zeigt Fingerhüte aus aller Welt, von der Römer- bis zur Neuzeit.
• Das *Flachsbrechhüttenmuseum* ist eine restaurierte Flachsbrechhütte mit alten Gegenständen zur Flachsbearbeitung und mit einer Dokumentation vom Leinsamen bis zum Linnen.
Rothenburg o.d.T.: Am *Marktplatz* bildet das *Rathaus* den Blickfang. Das ehemalige Hauptgebäude wurde im 13. Jh. erbaut, der dem Marktplatz zugewandte Teil zählt zu den schönsten Renaissancebauten Deutschlands. Im Kellergeschoß befinden sich die Verliese und Folterkammern.
• *Kriminalmuseum* in der Burggasse. • An der Nordseite des Marktplatzes steht das Gebäude der ehemaligen *Ratstrinkstube* (1446). Die *Kunstuhr* an der Fassade zeigt täglich um 11, 12, 13, 14, 15, 21 und 22 Uhr den Meistertrunk. • Der *Georgsbrunnen* befindet sich an der Südseite des Marktplatzes. Er wurde 1446 erbaut und 1608 im Stil der Renaissance umgestaltet. • Unter den *Fachwerkhäusern* gegenüber dem Brunnen ist auch das sogenannte *Fleisch- und Tanzhaus.* Das Erdgeschoß wurde im frühen 13. Jh. erbaut. Die oberen Stockwerke fügte man im 15. Jh. an. Früher wurden hier die Fleischmärkte der Stadt abgehalten. Im Obergeschoß versammelten sich die feinen Bürger von Rothenburg zu ihren Festen.

Fahrradreparatur:
In Tauberbischofsheim, Bad Mergentheim, Lauda-Königshofen und Rothenburg o.d.T.

Karte:
ADFC-Radtourenkarte 1:150 000, Mainfranken/Taubertal.

Information:
Kultur- und Fremdenverkehrsamt, Am Marktplatz 2, 91541 Rothenburg o.d.T., Tel. (098 61) 404 92, Fax (098 61) 868 07. • Kultur- und Verkehrsamt, Marktplatz 3, 97980 Bad Mergentheim, Tel. (079 31) 571 35, Fax (079 31) 573 00.

Geradewegs durch den Ort hindurch (Richtung Rothenburg) und vorbei am Sportplatz sowie an Pferdekoppeln kommen wir wieder in Wald. Nach einem steilen Anstieg folgt eine gemütliche Abfahrt, die nach **Neubronn** hineinführt.

Am Ortsbeginn erwarten uns eine scharfe Rechtskurve und eine steile Abfahrt. Der Vorfahrtsstraße in Richtung Creglingen (Hinweisschild) folgen. Schnell sind die 3 Kilometer bis **Niederrimbach** bewältigt, denn es geht beständig abwärts.

Wir radeln geradeaus durch den Ort und folgen den Schildern Richtung Creglingen. Nach ca. 3 Kilometern gelangen wir an eine T-Kreuzung, lenken links und wenig später rechts, dem Hinweisschild für Radler (»Liebliches Taubertal«) entsprechend. Der Radweg führt bis zum Ortsbeginn von **Creglingen**. Dort auf die Hauptstraße wechseln und bis zur Stadtmitte fahren. Um zur Herrgottskirche (2 km, Riemenschneider-Altar) zu gelangen, biegen wir von der Hauptstraße nach links ab (Schild »Herrgottskirche«).

Für den Weiterweg in Richtung Rothenburg von der Hauptstraße nach rechts abzweigen und die Tauber überqueren. Nun stoßen wir auf den Radweg, der nach links weiterführt und uns nach **Archshofen** bringt. Rechts der Tauber geht es weiter bis **Tauberscheckenbach**, das zwar auf der anderen Uferseite liegt, jedoch einen Abstecher über die Brücke wert ist.

Die 3 Kilometer bis **Bettwar** sind auf dem Radweg schnell zurückgelegt. Vor dem Dörfchen wechselt der Radweg auf das andere Tauberufer. Kurz nach der Brücke rechts, dem Verlauf des Radwegs folgen und, vorbei am Klärwerk, wieder auf die rechte Flußseite. Nun sind es noch 5 Kilometer bis **Detwang**, in dessen kleiner Kirche ebenfalls ein Riemenschneider-Altar steht.

Von hier sind die Türme von Rothenburgs Stadtbefestigung schon gut zu sehen. In Detwang verlassen wir den Radweg und folgen den Serpentinen, die sich steil bergan zum mittelalterlichen **Rothenburg o.d.T.** schlängeln.

DER BESONDERE TIP

Blickt man in Rothenburg o.d.T. vom Georgsbrunnen nach Nordosten, sieht man über den Hausdächern die Turmspitzen der Stadtpfarrkirche St. Jakob. Das Chorgebäude dieser Basilika wird von zwei Türmen unterschiedlichen Stils flankiert, eine Folge der langen, von 1311 bis 1484 währenden Bauzeit. Neben den herrlichen Glasfenstern und der Fülle des Raums sind es zwei Werke, welche die Ausdruckskraft mittelalterlichen Kunstschaffens dokumentieren. Zum einen der Hauptaltar mit den Gemälden von Friedrich Herlin. Dieser Maler brachte an der Rückseite der Altartafeln eine Darstellung des Rothenburger Rathauses an, die das gotische Gebäude zeigt, bevor es durch einen Brand zerstört wurde. Das zweite »Highlight« ist ein Hauptwerk von Tilman Riemenschneider. Ein Treppenaufgang führt hinter der Orgel zur Heilig-Blut-Kapelle, in der sich der gleichnamige, 10 Meter hohe Altar befindet.

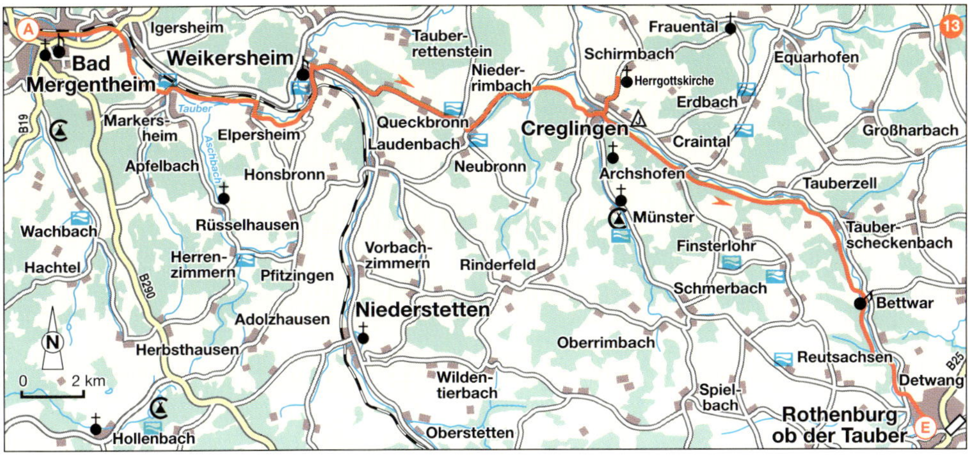

14 VOM MAIN-GRUND INS TAUBERTAL

Von den Weinbergen am Main radeln wir auf ruhigen Forstwegen durch stille Bauerndörfer an die Weinberge der Tauber. Mathias Grünewald weilte zu Beginn des 16. Jahrhunderts in Tauberbischofsheim, und nachdem der Bauernaufstand von den vereinigten Heeren der Mainzer Kurfürsten, der Würzburger Fürstbischöfe und des Wertheimer Grafen niedergeschlagen war, übten die hohen Herren ein fürchterliches Strafgericht. Grünewald verließ Tauberbischofsheim und zog nach Frankfurt.

INFO ZUR TOUR

Ausgangsort, Ausgangspunkt:
Würzburg, Dom.

Zielort:
Tauberbischofsheim.

Gesamtlänge: 38 km.

Gesamtfahrzeit: 2½ Std.

Höhendifferenz: 110 m.

Tourencharakter:
Mäßig schwierige Radtour mit vielen Anstiegen.

Würzburg: Residenz und Hofgarten

Kreuzweg in St. Martin, Tauberbischofsheim

Gewölbe im Chorraum des Würzburger Doms

Altehrwürdige Residenzstadt und bäuerliche Dörfer

Nachdem wir uns in der alten Residenzstadt **Würzburg** gebührend umgesehen haben, fahren wir vom Dom die Domstraße entlang, vorbei am Rathaus und über die Alte Mainbrücke hinweg und biegen dahinter links in die Saalgasse ein. Vorbei an der Kirche St. Burkhard in Richtung Löwenbrücke. Vor ihr nach rechts in die Leistenstraße abbiegen. Nach ca. 200 Metern beginnt rechts der Straße ein Radweg, der bergan steigt.

Kurmainzisches Schloß in Tauberbischofsheim

Am Ende der Steigung macht ein braunes Hinweisschild darauf aufmerksam, daß wir uns auf der Romantischen Straße befinden. Eben geht es weiter, unter einer Brücke hindurch und wieder leicht bergauf. Die Ortsgrenze von **Höchberg** ist nun erreicht. Wir stoßen auf eine breitere Teerstraße, biegen nach links ab und radeln auf der Ortsdurchfahrt (B 8) bis zur Kreuzung. Hier nach links in die Hauptstraße einbiegen. Es geht bergauf, über zwei Ampelkreuzungen geradeaus hinweg und wieder aus dem Ort hinaus.

Vorbei am Gewerbegebiet von Höchberg kommen wir zur T-Kreuzung und wenden uns dort nach links in Richtung Tauberbischofsheim. Auf der breiten B 27 radeln wir ca. 1 Kilometer entlang und biegen dann rechts ab, den Hinweisschildern in Richtung Eisingen folgend. Vorbei an Erbachshof führt die Straße bergab nach **Eisingen**.

Geradewegs durch den Ort und weiter in Richtung Waldbrunn. Zunächst steigt die Straße an und geht dann sanft in eine Abfahrt über. Bald darauf nach links abbiegen auf einen Betonweg, der um **Waldbrunn** herumführt. An der folgenden Kreuzung, mit Birkengruppe, geradeaus, an einigen Wohnhäusern vorbei und an der nächsten Kreuzung links abzweigen, dem Hinweisschild zur Gaststätte »Haselberghaus« entsprechend.

Im Hofgarten der Würzburger Residenz

An der Gaststätte vorbei und eine steile Abfahrt hinunter. Auf einer Brücke über die Autobahn hinweg an eine Wegkreuzung. Hier nach links, über einen kleinen Bach und bergan in den Wald hinein. Nach ca. 2 Kilometern geht es steil bergab, und wir kommen nach **Oberaltertheim**. Am Ortsbeginn an der Weggabelung links halten und die Raiffeisenstraße entlangfahren bis zur Hauptstraße. Hier nach rechts abbiegen und Richtung Orts-

☞ AUF EINEN BLICK

Anfahrt:
Autobahn A 7, Ausfahrt Estenfeld. Autobahn A 3, Ausfahrten Würzburg-West, -Kist, -Heidingsfeld und -Randersacker. Würzburg ist Bahnknotenpunkt der Strecken München – Hamburg und Stuttgart – Berlin.

Einkehr:
Zahlreiche Einkehrmöglichkeiten entlang dem Tourenverlauf.

Unterkunft:
In Würzburg und Tauberbischofsheim.

Camping:
Camping Kalte Quelle, Würzburg-Heidingsfeld, Tel. (09 31) 6 55 98.

Sehens- und Wissenswertes:
Würzburg: Siehe Tour 5.
Tauberbischofsheim: Die Gründung Tauberbischofsheims dürfte auf merowingische Zeit (425–751) zurückgehen. 725 kam es als Schenkung an den Missionsbischof Bonifatius. Von »Bischofsheim an der Tauber« leitet sich auch der Name ab. Heute ist Tauberbischofsheim mit seinen knapp 14 000 Einwohnern Kreishauptstadt des Main-Tauber-Kreises. • Für eine Besichtigung empfiehlt sich der Weg über die Tauberbrücke, die Hauptstraße entlang, mitten hinein in die *Altstadt.* Sehr viele *alte Bürgerhäuser* sind hier erhalten geblieben. • Besonders sehenswert ist das neugotische *Rathaus.* Es wurde 1866 erbaut und hat durch die rote Backsteinfassade eine außergewöhnliche Ausstrahlung. • Einen Kontrast zu der nüchternen Fassade des Rathauses stellt das barocke *Haus Mackert* von 1744 dar. Hinter dem Treppenaufgang tragen zwei Atlanten schwer an der Last des Türbogens.

Fahrradreparatur:
In Würzburg und Tauberbischofsheim.

Karte:
ADFC-Radtourenkarte 1:150 000, Mainfranken/Taubertal.

Varianten:
Die Tour 14 ergibt zusammen mit den Touren 12 (ab Tauberbischofsheim) und 13 eine Radwanderung zu einigen der schönsten Stätten am Beginn der Romantischen Straße.

Information:
Touristikzentrum Oberes Taubertal, An der Romantischen Straße 14, 97941 Tauberbischofsheim, Tel. (079 33) 6 31, Fax (079 33) 6 31. • Congress- und Tourismuszentrale, Congress-Centrum, 97070 Würzburg, Tel. (09 31) 37 33 35, Fax (09 31) 37 36 52.

ende radeln. Kurz vor dem Ortsendeschild nach links in die Straße Krautgarten einbiegen. Auf diesem Weg fahren wir bis zur folgenden T-Kreuzung und lenken dort nach links. Es geht über eine kleine Brücke und dahinter auf dem Teerweg nach rechts. An der nächsten Kreuzung geradeaus hinüber und nach **Unteraltertheim**. Wir rollen geradewegs durch den Ort und halten uns an der folgenden Weggabelung halb rechts, so daß wir an den Pferdekoppeln links vorbeifahren und als nächstes **Steinbach** erreichen. Den Ortskern rechts liegen lassen, auf dem Teerweg geradewegs weiter bis zur T-Kreuzung und hier nach rechts abbiegen (Wenkheimer Straße). Richtung Ortsausgang radeln und vor dem Ortsendeschild links. Auf der Landstraße rollen wir nun etwa 500 Meter in Richtung Wenkheim, dann folgt ein Hinweisschild auf den Radweg. Wir biegen links ab und gelangen in einen Wiesengrund. Auf dem geteerten Wirtschaftsweg geht es in Richtung Wenkheim. Vor dem Ort erreicht unser Radweg wieder die Landstraße. Nach links auf diese einbiegen und nach **Wenkheim** hineinfahren.

Wiesengrund mit Schafherde im Taubertal

In der Ortsmitte achten wir auf das Hinweisschild nach Großrinderfeld, folgen diesem nach links, über die Katzenbuckelbrücke, und biegen nach ca. 100 Metern rechts in die Obertorstraße ein. Diese geht in einen Teerweg über und bringt uns nach **Werbachhausen**. Vorbei am Sportplatz stoßen wir auf eine Dorfstraße, zweigen rechts ab, fahren über die Brücke und bis zur Hauptstraße. Hier nach links einbiegen in Richtung Werbach.

Etwa 300 Meter vor dem Ortsendeschild geht es nach links, wieder über eine kleine Brücke und geradewegs über zwei Kreuzungen in Richtung Wald. An der Weggabelung 50 Meter vor der Waldgrenze rechts halten. An der nächsten Weggabelung wieder nach rechts. Ein Schotterweg, dann ein befestigter Fahrweg und danach die Landstraße bringen uns nach **Werbach**.

Gleich hinter dem Ortsschild nach links in Richtung Hochhausen abbiegen – nicht nach Werbach hineinfahren. Über die schmale Brücke und nach links dem Straßenverlauf folgen. Am Ortsbeginn von **Hochhausen** an der Weggabelung links halten, vorbei am Bildstock und an der folgenden Weggabelung links. Der Weg führt direkt auf ein Haus zu. An diesem links halten und gleich wieder rechts. Bei der nächsten Gabelung links, geradewegs durch den Wiesengrund und an der folgenden T-Kreuzung links abbiegen. Nun verläuft der Radweg parallel der Straße bis Tauberbischofsheim.

In **Tauberbischofsheim** geht der Radweg in einen kombinierten Geh- und Radweg links der Straße über. Wir fahren bis zur Ampelkreuzung und lenken dort rechts in die Schmiederstraße zum Zentrum der Stadt an der Tauber.

✎ DER BESONDERE TIP

Nahezu die gesamte Innenstadt Tauberbischofheims wurde vor einigen Jahren in eine Fußgängerzone umgewandelt. So macht es Spaß, die schöne Altstadt zu durchwandern und in einem der vielen Gasthöfe und Weinstuben – nach einer ausgiebigen »Kultour« – auch die kulinarischen Genüsse auf und in sich wirken zu lassen. Internationale Bekanntheit erlangte Tauberbischofsheim übrigens durch das Bundesleistungszentrum der Fechter und deren lange Erfolgsliste.

15 DURCH DEN RÄUBERWALD

»Ich fand einen gar wundersamen Wald, eine Schenke so recht zum Verweilen und Träumen, und in den Erzählungen der Reisegefährten geisterten wilde und verwegene Gesellen, die mich neugierig machten und schreckten.« So schrieb der Autor des berühmten Romans »Das Wirtshaus im Spessart«, Wilhelm Hauff. Als er 1826 den Spessart durchzog, war es mit der Räuberei schon längst vorbei. Heute tut es gut, mit dem Rad durch die herrlichen Wälder zu fahren – am besten im Frühherbst.

INFO ZUR TOUR

Ausgangsort, Ausgangspunkt:
Aschaffenburg, Schloßplatz.

Zielort: Wertheim.

Gesamtlänge: 50 km.

Gesamtfahrzeit: 3½ Std.

Höhendifferenz: 150 m.

Tourencharakter:
Anspruchsvolle und anstrengende Radtour durch den Spessart mit vielen steilen Anstiegen und rasanten Abfahrten.

Das Wasserschloß von Mespelbrunn, Stammschloß der Echter, 1564 bis1569 in ein Renaissanceschloß umgebaut

Im Spessart bei Dammbach

Statue des Julius Echter von Mespelbrunn

Unterwegs im Herzen des Spessarts

Vom Startpunkt, dem **Aschaffenburger** Schloßplatz, fahren wir zum Marktplatz und über diesen geradeaus hinweg in die Luitpoldstraße. An der folgenden Kreuzung biegen wir rechts ab in die Friedrichstraße. Dem Straßenverlauf nach links folgen und rechts halten, denn kurz nach der Linkskurve müssen wir rechts in die Platanenallee abzweigen. Die folgende Kreuzung geradeaus überqueren in die Lindenallee und über die nächste

Hessenthal bei Mespelbrunn im oberen Elsavatal

Kreuzung ebenfalls geradewegs in die Ludwigsallee. Die Strecke steigt beständig an, und wir radeln geradeaus weiter Richtung Marktheidenfeld/Würzburg. Den Radweg rechts der Straße benutzen, da zum Teil starker Verkehr herrscht. Auf weiterhin ansteigender Straße verlassen wir Aschaffenburg, bleiben auf dieser Straße und kommen nach **Haibach.**

Nicht in Richtung Ortsmitte fahren, sondern auf der Durchgangsstraße bleiben, die nun flach verläuft. Bald geht es bergab, doch langsam fahren und auf den Wegweiser nach Dörrmorsbach achten. Ihm nach biegen wir rechts ab. Auf dem ruhigen, schmalen Landsträßchen

Radweg im Wald bei Heimbuchenthal

☞ AUF EINEN BLICK

Anfahrt:
Autobahn A 3 (Kassel – Würzburg), Ausfahrt Wertheim oder Marktheidenfeld. Autobahn A 81 (Heilbronn – Würzburg), Ausfahrt Tauberbischofsheim. Aschaffenburg ist Bahnstation auf der Strecke Bad Mergentheim – Aschaffenburg.

Einkehr:
Zahlreiche Einkehrmöglichkeiten entlang dem Tourenverlauf.

Unterkunft:
In Aschaffenburg (s. Tour 9), Mespelbrunn und Wertheim. • »Tauber-Hotel«, Am rechten Tauberufer, 97877 Wertheim, Tel. (09342) 9070, Fax (09342) 907202. • Gasthof und Pension »Zur Linde«, Heimbuchenthal, Tel. (06092) 9400. • Hotel »Oberschnorhof«, 63874 Krausenbach, Tel. (06092) 1570. • Gasthaus »Zum Engel«, 63875 Mespelbrunn, Tel. (06092) 313, Fax (06092) 6121.

Sehens- und Wissenswertes:
Spessartwald: Vor allem bei morgendlichen Touren, wenn sanfter Nebel in den Baumkronen des märchenhaft anmutenden Mischwalds hängt, vermag man sich in die Zeit der *Spessarträuber* zurückzuversetzen. Zahlreiche Stätten künden auch heute noch von den Verbrechen, die hier geschahen. Die letzten Spessarträuber wurden 1812 in Heidelberg enthauptet. • Bei *Rohrbrunn* steht das verwitterte *Schweinfurter Kreuz*, auf dem zu lesen ist: »Anno 1609/den 2. April/In diesem Monat Tag und Jahr/Allhier jemmerlich umgebracht war/Georg Backmund.«
Aschaffenburg: Siehe Tour 9.
Mespelbrunn: Der Mainzer Erzbischof schenkte 1412 seinem getreuen Ritter Hamann Echter ein Stück Land am Espelbronn. Der Ritter ließ sich dort nieder, und das Adelsgeschlecht der Echter erbaute im 15./16. Jh. sein Stammschloß: das *Wasserschloß Mespelbrunn*. Als keine männlichen Nachkommen die Linie fortsetzten, ging das Schloß in den Besitz der Grafen von Ingelheim über, denen es noch heute gehört.
Heimbuchenthal: Am südlichen Ortsausgang steht der *Höllhammer*. Mehrere Staudeiche versorgten die Antriebsräder dieses Schmiedemonstrums auch während der Trockenzeit mit genügend Wasser.
Wertheim: Siehe Tour 8.

Fahrradreparatur:
In Wertheim und Marktheidenfeld.

Karte:
ADFC-Radtourenkarte 1:150000, Mainfranken/Taubertal.

Information:
Fremdenverkehrsverein, Hauptstraße 158, 63875 Mespelbrunn, Tel. (06092) 319. • Tourist-Information, Am Spitzen Turm, 97877 Wertheim,Tel. (09342) 1066 und 1067. • Tourist-Information, Schloßplatz 1, 63739 Aschaffenburg, Tel. (06021) 395800.

geht es wieder bergan, gefolgt von einer kurzen Abfahrt. Blickt man nach rechts, ist die bewaldete Hügellandschaft des Spessarts schön zu sehen. Nach ca. 1 Kilometer steigt die Straße an und leitet uns in dichten Spessartwald. Links schimmern bald die Häuser von **Dörrmorsbach** durch die Bäume. Eine flotte Abfahrt bringt uns in den Ort hinein. An der mit roten Natursteinen erbauten Kirche vorbei und der Straße folgend nach links rollt es weiter abwärts. Die Geschwindigkeit immer unter Kontrolle halten, da der Fahrweg sehr eng und äußerst kurvig ist.

Straßbessenbach ist bald erreicht, wo wir auf die B 8 stoßen. Wir biegen nach rechts ab in Richtung Würzburg/Marktheidenfeld. Es geht wieder aus dem Ort hinaus und weiterhin an der B 8 entlang nach **Oberbessenbach**, das wir östlich umgehen. Danach erwartet uns ein ca. 3 Kilometer langer, anstrengender Anstieg. Als Belohnung folgt eine herrliche Abfahrt, die uns an **Hessenthal** vorbeiführt. Nach gut 1 Kilometer ist das Ortsschild von **Mespelbrunn** erreicht.

Etwa 500 Meter nach dem Ortsschild nach rechts, in Richtung Ortsmitte abzweigen und somit die B 8 verlassen. Nun geht es durch das lange Straßendorf Mespelbrunn. Erst 3 Kilometer nach dem Ortsschild lenken wir links zum Wasserschloß.

DER BESONDERE TIP

Man sollte sich unbedingt Zeit für eine Schloßführung in Mespelbrunn nehmen. Die verschiedenen Säle mit schöner Ausstattung sind sehr sehenswert. Vor allem Rittersaal, Gobelinsaal und der Chinesische Salon mit seinen wertvollen Möbeln, Gemälden und Waffen. Führungen: Montag bis Samstag 9–12 Uhr und 13–17 Uhr. Sonn- und Feiertage 9–17 Uhr.

Mit dem Rad kann man direkt bis zum Schloßtor gelangen. Zur Weiterfahrt nehmen wir den Weg zurück zur Hauptstraße und biegen links ab. Wir verlassen Mespelbrunn, und nach 1 Kilometer auf der ruhigen Landstraße, die dem Lauf des Flüßchens Elsava folgt, ist **Heimbuchenthal** erreicht.

Vorbei an der Kirche zum Ortsende fahren, was einige Zeit dauert, da Heimbuchenthal auch ein sehr langes Straßendorf ist. Auf der Hauptstraße bleiben, den Ort verlassen und Richtung Hobbach weiterradeln. Gleich hinter dem Ortsendeschild gelangen wir in dichten Wald und durchfahren ein herrliches Spessarttal. Nach ca. 3 Kilometern ist eine T-Kreuzung erreicht. Hier nach links in Richtung **Dammbach** lenken. Schnell sind wir in **Wintersbach** – wieder ein ellenlanges Straßendorf, das mit **Krausenbach** nahezu zusammengewachsen ist.

Nachdem das Ortsendeschild passiert ist, steigt die Straße leicht an, und nach ca. 1 Kilometer folgt eine Abzweigung rechts in Richtung Altenbuch. Wir biegen rechts ab, und gleich geht es stramm bergauf. Kurvenreich radeln wir auf der ruhigen Landstraße durch den Mischwald nach oben. Nach 3 Kilometern ist der Aufstieg bewältigt, und eine herrliche Abfahrt bringt uns nach **Altenbuch** hinunter.

Ohne auch nur einmal in die Pedale treten zu müssen, geht es aus Altenbuch hinaus und weiter nach **Breitenbrunn**. Hier geradewegs hindurch und weiter bergab in Richtung Main. Nach knapp 2 Kilometern ist eine T-Kreuzung erreicht, an der wir links abbiegen. Nur wenige hundert Meter sind es noch bis **Faulbach**.

Wir radeln in den Ort hinein, durch das Stadttor, vorbei an der Kirche und biegen nach weiteren 200 Metern rechts in die Schifferstraße ein. So gelangen wir zur Schleuse von Faulbach. An dieser nach rechts über die Bahnlinie und auf den Radweg, den wir von Tour 8 schon kennen und nun in entgegengesetzter Richtung bis **Wertheim** fahren.

REGISTER

Kursive Seitenzahlen verweisen auf Abbildungen.